日本女子大学叢書22

「クライエントの視点」再考

ブリーフセラピーからの一提言

青木みのり 著

RETHINK ON CLIENTS' PERCEPTION

晃洋書房

は じ め に

　筆者が心理療法の仕事に携わるようになって，30年ほどになる．その間，自分とは違うクライエントの世界に触れることで，自分を超えた存在に出会うような，敬虔ともいえる気持ちに包まれることがあった．その貴重な感覚が，実践を積み重ねる1つの原動力になってきたと思う．

　たとえば，こんな光景を思い出す．Ｌさんは30代の男性である．時々うつ状態となり休職しながらも，会社勤務を続けていた．筆者とのカウンセリングでは，「安定して勤務できること」が目標として共有されていた．

　何度目かの休職の際，人事課との話し合いで復職のスケジュールを決めてきたのだろうと予想していた筆者に，彼は「やめることにしました」と淡々と語り，筆者をおどろかせた．思わずＬさんの顔を覗き込むと，不思議と和やかな表情をしておられる．さらに「貯金がいくらかあるから，カウンセリングに通って，毎日のんびり過ごして」と言葉を続けられた．ことの重大さに圧倒される筆者はＬさんの感覚を共有しがたく，違和感を感じ，一瞬言葉を失った．

　しかし実はまったく，予想していなかったわけではない．ここしばらくのＬさんは，休みが次第に増え，だんだん勤務を続けるのがつらくなってきた様子が，何となく伝わってきてはいた．その矢先のことだった．どこかで「やはり」という気持ちがあり，「ついに」という落胆もあったことは確かだ．

　このケースに限らず，目指してきたものになかなか到達できない場合も，残念ながら，少なからず体験してきた．他者の人生に寄り添うということは，そういう側面をもつ．しかし，その平坦ではない道のりを，ともに歩んできたと思っていた．突然のことに，「どうして？」という疑問がたくさん沸き上がっ

た．そして，何か筆者ができることがあったのではないか，という悔いるような気持ちと，「何とかしなければ」という焦りが生じた．

　だがよく考えれば，その時の「何とかしなければ」という焦りの裏には，「働き続けるのが善」という筆者自身の価値観が，無条件に作用していたかもしれない．そこには，幸いにも仕事に意義とやりがいを見出し続けることができた，筆者の価値観が影響していたように思う．それを無自覚に万人にあてがってよいのだろうか，という問い直しも生じた．改めてLさんの和やかな表情に向き合ってみると，違和感の中に，何かを変える時なのかもしれない，という感覚が湧いてきた．そして改めて「何が起こっているのだろう？」という関心を膨らませると，心のぎこちなさが少し緩むように思えた．

　そこで，一呼吸おいて「少しほっとしたお顔をされてますね」と，そのことに触れてみた．それはLさんの視点から，今の状況を見てみようという，ささやかな試みだった．するとLさんの表情が少し動き，筆者の顔をちらりと見た．その視線に応え，心のなかの動きに，筆者は耳を澄ませた．そしてその後少しずつ，Lさんの思いが，言葉としてこぼれはじめた．それはこれまで筆者が聞き取ってきた「職場復帰」をテーマとしたストーリーを，よりLさん自身の人生に寄せた視点から，語りなおすプロセスの始まりであった．

　一見こちらには理解できない状態に思えたり，動きがないように思える事態に遭遇することは珍しくない．むしろその連続だといえるだろう．しかしその選択に至るまでに，クライエントがどのように考えたり，迷ったりしたのだろうか，そこに関心を向けることは支援者として重要である．それはその人固有の密かな戦いであり，プロセスなのだ．それを否定せずに認めることが，共に手を結び，孤独な戦いからより広い世界へと脱出する礎になる．そのことを改めて，心に刻んだ．

　2017年に公認心理師法が施行され，国民が長らく待ち望んでいた，心の支援の専門家の国家資格が誕生した．そのため心理的支援活動に対してはこれまで以上に，科学性や客観性が求められ，科学的根拠のある数多くの技法を適切に

使いこなすことが，支援者に求められると予想される．一方で，それらの実践を根底で下支えする信頼関係や，クライエントを尊重する関わりも，ますます重要視されていくことであろう．それは，心理的支援活動の究極の目的である，クライエントの主体的な生き方を支えるためにも，必要なことである．

　こうした，一見相反する活動を両立させていくことが，専門家としていっそう求められていくであろう．これまでも，心理療法は科学的根拠を重んじる「サイエンス」としての側面とともに，深い人間理解に基づき「今，ここ」の関係を重視する「アート」としての側面とを併せ持つといわれてきた．筆者の理解では，これらは相反するものではない．なぜなら，アートとは私たちに次元を超えた非日常を感じさせてくれるものである．それゆえ，アートはサイエンスという，一見相反する活動をつなぎ，つつみこみ，新たな意味を作り出す原動力となりうると考えている．

　そのためにどうあるべきなのか，その1つのヒントになるのではないかと考え，この本を上梓することとした．小書は，筆者が2015年に母校であるお茶の水女子大学に提出した，博士論文に加筆修正したものであり，筆者の実践経験の集大成である．今後の心理臨床実践の指標の1つになることを願って，小書を刊行することを志した．

＊　　　＊　　　＊　　　＊

　さて，それでは具体的な研究テーマについて述べることにしたい．人はどのようなことを問題とみなすのだろうか．そして問題が解決し，これで大丈夫，良くなった，と思えるとき，その人から見た問題はどのように変化しているのだろうか．さらに心理療法を受けることで「よくなる」ということは，クライエントにとってどういう体験なのだろうか．クライエントが「よくなった」と感じたとき，最初の訴えはどう変わり，生活にはどんな変化が起きているのだろうか．

　これは筆者が心理臨床実践に携わる中で絶えず問い続けてきたことである．心理療法はクライエントが訴える主観的な苦痛や困難に対応する営みである．

ワツラウィック（Watzlawick, 1978）の述べるように，個人は一人ひとりが独自の世界観（world image）を構築している．よって冒頭の問への答えは，おそらく問題を訴える個人の数だけ存在するといえるだろう．

たとえば，同じような訴えをもつクライエントでも，その悩みの体験の内容や，何を問題と考えそれがどうなればいいと思っているのか，という考えは実に多様である．また面接に対しても，どのように遇され，何が得られることが望ましいと考えているのか，ということについての感じ方や考え方も，人により，また時によってさまざまである．この点にうまく対応できないと，信頼関係が築けなかったり効果が実感できなかったりして，クライエントが失望し，ケースが中断したりということも起りうる．

そして，人生の文脈における，問題の意味とその変化の意味も，無視できない．問題に対する個々のクライエントのとらえ方や行動の仕方が異なるのも，1つには，その人の置かれた人生の文脈がみな異なるからであろう．東（1993）は，症状は軽減したが，その結果予想外の重大な影響がクライエントの人生におよんでしまった例を報告している．筆者の経験の中でも，一見うまくいったように思えるが，後からそれでよかったのかと考えさせられる場合もある．

さらに，同じ1つのケースであっても，クライエントを取り巻く複数の関係者が存在し，その考えや思いは必ずしも同じではない．時にはまったく正反対に見えることもある．これらの人々の思いをとらえ違えたために，対応困難になった経験も少なからずあった．

また，クライエントは助けを求めるだけではなく，問題やその解決に対する自身の考えを持ち，行動しているといわれる（Talmon, 1990）．クライエントの考え方の影響を知ることも重要であろう．

このように，心理療法のもたらす影響に対するクライエントやその関係者のとらえ方は，多様な側面がある．これらはいずれも重要であるし，心理療法のプロセスやその帰結にも当然影響するために，面接を行う際には，意識せざるを得ない側面である．クライエントにとって，その心理療法を「受けるに値す

るもの」と思える体験となるためには，どのようなことが必要なのだろうか．

　もちろんセラピスト自身も，何が問題で，クライエントがどのような状態にあって，どのように対応すべきかについて自身の考えを有し，面接しながら絶えず吟味している．それは，専門家として必要なことなのだが，それに加えて，個々のクライエントの求めていることや問題に対する見方を十分に尊重し配慮することが，心理療法のプロセスをより実り多いものにするために有益であろう．

　そしてこれは，「個人は一人ひとりが独自な存在であり，尊重されなければならない」という，心理的支援の実践家に共有される重要な信念を実践することにも与する．実際どのようにセラピストがふるまうことが，独自性を尊重したことになるのだろうか．それを理解し実施するために，もう少し具体的なレベルで，個々のクライエントや関係者の視点を理解することが助けになる．その1つが，上述のように何を問題と考え，セラピストがどのように対応し，それによってどのような帰結に至ることが望ましいと考えているのか，ということではないだろうか．それを検討することが，心理療法を受けることによって個人が享受する恩恵について知る手掛かりになるであろう．

　このような理由から，「個人にとって，何かを問題と感じたり，それが心理療法を通じて解決したと感じることはどのような体験か」を検討したい，と考えるようになった．それが，この研究の出発点であり，以後10年近くにわたるモチベーションを支える力となった．この筆者の素朴な疑問から発して，クライエントの利益へのより大きな貢献へとつなぐことができればと考え，研究を進めた．

目　　次

第Ⅱ部　個人別態度構造（PAC）分析を用いた事例研究

第〈I〉部

クライエントの視点から問題をとらえるための理論的検討

第1章 問題の変化をとらえるための理論と分析法

● 1-1 心理療法のエビデンス研究

　心理療法の成果やプロセスについての研究, いわゆる心理療法のエビデンス研究は, 1940年代ごろに萌芽がみられ, 現在も発展し続けている. エビデンス研究は大きく成果研究とプロセス研究の2つに区分される. 前者は心理療法を受けることによる変化に関するものであり, 後者は変化を引き起こす心理療法のプロセスについての研究である.

　ところで, エビデンス研究の動向の中で, 治療の効果, すなわち成果はどのように計測されてきたのであろうか. エビデンス研究の代表的な研究者の一人であるランバートは, 成果研究では, 明確で比較可能な性質を備えた量的指標が望ましいと述べている (Hill & Lambert, 2004). 実際に, 現在までほとんどの成果研究で量的な指標が用いられてきた. 例として症状の消失や社会的機能の回復に関する質問紙, および生理的指標などが挙げられる. 明確さや再現可能性が求められる背景には, 効果について科学的根拠をもつ心理療法をクライエントに提示するというアカウンタビリティへの要請も考えられる.

　しかしその一方で, このような流れに対する批判もある. その1つに, 量的指標による成果研究においては, 心理療法の複雑な影響を明らかにするためにおびただしい数の質問紙が用いられ, 混乱を呈しているとの指摘がある (Hill & Lambert, 2004). また, クライエントをランダムに各種の心理療法や統制群に割り当てる RCT (Randomized Clinical Trials) は成果研究の代表的な手法であり,

事前事後に量的な指標での測定を行い，その比較からクライエントの前後の変化や，異なる療法間の効果の比較を明確に行うことができる．反面，方法論として明確であるあまり，対象として扱える心理療法の種類や疾患が限られることや，心理療法の治療機序を明らかにすることができないことなど，相互性や関係性，個別性といった心理療法独特の要因の解明には向かないとされている．以上のことから成果研究では，明確性と複雑性という，対をなす2つの重要な概念を包括するために，努力が重ねられ，今なお発展の途上にあるといえるだろう．

　以上のような成果研究における複雑性の解明を検討するに当たり，セラピストやクライエントなど，複数の立場からの考察が考えられる．クライエントの要因は心理療法の成果に大きく影響する（Lambert, Shapiro, & Bergin, 1986）ことを考えると，クライエントの視点からの検討は意義深く，看過できないものがある．しかしこれまでの成果研究においては，セラピストや研究者の視点による研究がほとんどであることが指摘されてきた（Bohart, 2005）．

　そこで，クライエントの視点から心理療法の成果を検討することには意義があるといえるだろう．またそれは，心理療法は基本的に，クライエントが訴える主観的な苦痛や困難に対応する営みであるという点からも無視できない．よって，クライエント個人はどのようなことを問題とみなしているのか，そして問題が解決し，「これで大丈夫，良くなった」と思えるとき，その人から見た問題はどのように変化しているのか，といった疑問について検討していくことが重要になる．

　ワツラウィック（Watzlawick, 1978）は「個人は一人ひとりが独自の世界観（world image）を構築している」と指摘している．クライエントから見た問題は，世界観すなわち「個人を取り巻く世界へのその人の認識と，世界との関わり」の影響を受け，その人固有の意味を持つと思われる．上述の問いへの答えは，おそらく問題を訴える個人の数だけ存在するといえるだろう．合理主義に基づく心理療法を提唱してきた論理情動療法においても，重要な鍵概念である

「不合理な信念」について客観的で明確な定義は存在せず，むしろ本人にとって有害であるか否かがその基準となっていることが指摘されている（Haaga & Davison, 1995）．またタルモン（Talmon, 1990）は，中断したクライエントについての調査をレビューし，十分な援助が得られたと思ったために治療に戻らなかった者が多数存在すると指摘している．よって治療者側の理論的枠組みや改善の基準とは無関係に，クライエントは主観的によくなったと判断し行動している可能性がある．

　さらに，心理療法を通じて症状そのものを除去しても，かえって生活が上手くいかなくなる場合があることが報告されている（東，1993）．症状や社会的機能という面だけからではなく，症状の消失や社会的機能の向上によってクライエントの生活がどう変化するのか，その生活全体における意味をクライエントの視点からとらえ，クライエントの生活に貢献することを目指すことも，重要だと言える．

　よって心理療法の効果を検討する際には，クライエントがどのように感じたかという視点への配慮が欠かせないといえよう．「個人にとって，何かを問題と感じたり，それが心理療法を通じて解決したと感じることはどのような体験か」を検討することは，心理療法でどのような効果が得られるかについて，治療者側の枠組みだけではなく多様な側面から重要な視点を提供し，クライエントの視点を尊重した望ましい支援を提供するための一助となると考えられる．

● 1-2　心理療法の成果に関する質的研究

　以上の検討から，心理療法の成果に関するこれまでの研究をさらに発展させ，上述の課題点に対応するために，クライエントの主観的な体験についての研究をすることには意義があるといえる．しかしすでに述べたように，従来多くの研究で用いられてきた質問紙では，研究者の枠組みによって指標が決定される部分が大きい．それを補うためにも質的な分析を取り入れることが検討される

べきであろう．それにより，成果研究においても個別性や，主観的な体験をとらえることができると考えられる．さらには症状の改善にとどまらず，クライエントの生活やその後の人生への影響，およびその意味づけという観点からもとらえることができる．

　1980年以降台頭したポストモダニズム的認識論によれば，多次元の視点により，生活という文脈の中でクライエントの視点から治療や治癒をとらえることも，治療者側の視点を否定することにはならない．量的な指標を用いた研究と，質的な分析を行う研究とは，どちらがより正しいかではなく，相補うものと考えることで，心理療法の影響の多様性や複雑性を明らかにすることができる．ヒル（Hill, 2006）が指摘するように，それらを複合して新たな意味を生成する可能性につながるであろう．

　しかし上述のように，現在エビデンス研究において質的分析が用いられるのは主にプロセス研究においてであり，成果研究においてではない．よって本研究では，質的な分析法を用いて，クライエントの主観的な体験を明らかにすることを目的とする．さらにそれを踏まえて，より望ましい心理療法のあり方について提言を行いたいと考える．

◉1-3　クライエントの主観的体験をとらえる視点

　ところで個人の主観的な体験は膨大な情報量を有するため，質的研究の対象とするにあたっては，切り口となる最小限の視点を定めることが有効である．そこで，本研究での主要な問題意識である「個人にとって，何かを問題と感じたり，それが心理療法を通じて解決したと感じることはどのような体験か」を明らかにするにあたり，冒頭で述べたワツラウィック（Watzlawick, 1978）のいう world image（世界像，世界観），すなわち「個人を取り巻く世界へのその人の認識と，世界との関わり」という視点からとらえることとする．

　ワツラウィックは，個人の悩みについて，以下のように述べている．

 われわれの助けを求めている人はみな，なんらかの形で，世界と自分の関わり合いに苦しんでいるのである．このことは―我々の知るかぎりきわめて実用主義的であった古代仏教にまでさかのぼってそこから借用するが―右の人は世界に関する自分のイメージのために苦しんでいるということである．つまりその人は，物事の自分への見え方と物事は自分の世界像に従ってあるべきであるというそのあり方との間の未解決の矛盾対立から苦しむのである．そのときかれは，2つの選択肢から1つを選ぶことになる．すなわち，事象の過程に行動的に干渉して世界を多かれ少なかれ自分のイメージに合うように改作する．あるいは，世界が変えられない場合は，自分のイメージを不変の事実に合わせて変える．前者は，助言とカウンセリングの対象になるといってよく，しかし伝統的な意味での治療法ではない．それに対し後者は，より明確に，治療変化の課題であり目標である．（訳書 p. 49）

 すなわち，個人の悩みとは，世界に対する認識と，自分自身が抱くあるべき姿との矛盾対立に，負うところが大きいとしている．さらにはここで述べた後者の場合，つまり治療変化の課題として，自分のイメージを不変の事実に合わせて変える場合の解決法に対しては，次のような見解を示している．

 一見不変と見えるこの実在を変えるには，まず何かを変えねばならないのかを知らなければならない．（そのことは，問題の世界像を把握せねばならないということである）．次に，いかにして実際にこの変化を成就できるかを知るのである．（何故？という問いの不在つまり過去へ向いての原因究明の不在に注意せよ―要するに人間問題に対する深層心理学的接近法の不在）．この2つの焦点，何をと如何にから精神療法の言語と技術に対する重要な結論が出てくるのである．（訳書 p. 56）

　ここでは，問題を把握し（認識），如何に変化を成就するか（関わり）という2つの点から，治療的変化について述べられていると言える．そしてこのとき問題となっているのは，世界像である．もうすこし平易に表現すると，個人は問題に遭遇するとなんとかしようと何らかの行動を起こして（あるいは起こさずに）問題に対処しようとする．それゆえ，世界との関わりとそこに至るプロセスとしての認識を含んだワツラウィックの見解が，この間の個人の内面や周囲の人や物との関わりを表現するには適切と考えられる．

　そこで本書では，個人の「世界への認識」と「世界への関わり」という2つの視点を軸に，「個人が問題やその解決をどのように感じて体験しているか」という問いについて，主観的な体験を分析し考察していく．これはより具体的には，個人が問題や解決をどのように認識して，どのように関わっているか，ということである．

　「認識」と「関わり」という2つの視点の具体例を示す．たとえば個人が道を歩いている時，2，3回会った程度の人物に遭遇した場合を考えてみる．すれ違う時，あいさつしようかどうかを，逡巡した末に選択する．ここまでが，世界への認識である．そして，実際に選び取った行動，あいさつを実行に移すか否か，という点が世界への関わりである．つまり，認識し，そして関わる，というつながりが想定される．また，認識は双方向的であり，世界をどのように意味づけるか，という個人から世界へ向かうベクトルと，世界からのさまざまな情報をうけとる，という世界から個人へ向かうベクトルが同時に存在する．これに対し，関わりは個人から世界へ向けたものとなる．これらを**図1-1**に示した．

　ここでもう少し臨床的な例について示す．たとえばX氏は，「すべての人によく思われたい」という願望を持っているとする．誰でも他人から悪く思われたいとはことさらに思わないものだが，X氏の場合はそれが極端で，少しでも誰かが自分を低く評価しているように思えたり好意を感じられなかったりすると，ものすごく気になってしまい抑うつ的になる．X氏が望んでいるのは具体

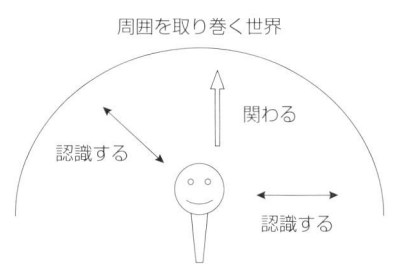

図1-1　世界観と「世界への認識」「世界への関わり」

的には，出会う人すべてが笑顔を向けて自分を尊重してくれているように思える状態である．それゆえ，2，3回会った程度の人物にあいさつする時も，相手から笑顔の会釈が返ってこないと，極端に気になってしまう．自分がよく思われていないように感じてしまうのだ．ただ単に相手は自分を覚えていないだけかもしれない．あるいは気づかなかったのかもしれない．それ以外にもいろいろな可能性があるが，X氏の認識は「よく思われていない」となる．

　これは先の説明で言うと，「物事の自分への見え方と物事は自分の世界像に従ってあるべきであるというそのあり方との間の未解決の矛盾対立」が生起してX氏を悩ませていることになる．「物事の自分への見え方」とはこの場合，「相手が笑顔で会釈したようには見えなかった」という認識である．そして「物事は自分の世界像に従ってあるべきであるというそのあり方」とは，「すべての人は自分に笑顔を向けて尊重の態度を示し，自分がよく思われていると認識できる」という世界像（観）に従うべきというあり方，すなわち認識である．後者の認識に基づきX氏はあいさつをした（世界に関わった）のだが，実際の見え方はそうはならず，認識の矛盾対立が生起して苦しみを招いてしまったのである．もしこれが「眠れない」などの身体症状となり，「朝起きられない」などの社会的機能低下に繋がってX氏が治療相談機関に来談した場合，心理療法家の仕事はこれをいかに解消するかということになる．多くは世界像，すなわち世界の見え方や，世界に対する関わりを変えるようにエネルギーを注ぐこと

になる.

　以上, 世界観に含まれる問題への関わりや認識という面から, 個人の抱える問題について記述した場合の具体例を示した. この「世界への認識」「世界への関わり」という視点は本書において, 問題のイメージと, それが心理療法を通じてどのように変化するか, という解決後のイメージとの差異を, 詳細に明らかにすることに適していると考えられる. そこで, この視点を採用し, 第5, 6, 8章において詳しく述べていくこととする.

◉1-4　面接および分析の方法論

　心理療法面接を通しての, 問題への認識や関わりの変化を調べるにあたり, 2つの方法論が必要である. 1つは心理療法のアプローチであり, もう1つは結果の分析方法である. この研究では心理療法のアプローチとして解決志向アプローチ (Solution Focused Approach: 以下, SFA; De Jong & Berg, 2007) を用いた. また分析方法としては, 個人別態度構造 (PAC: Personal Attitude Construction) 分析と修正版グラウンデッド・セオリー・アプローチ (M-GTA: Modified Grounded Theory Approach) を用いた. そして, これらを組み合わせて全体の研究デザインを考案した. それぞれの方法論の内容と, 採用した理由および, 研究デザインの概要について述べる.

1-4-1. 解決志向アプローチ (SFA)
　SFA の基本的な考え方と技法のガイドラインについて述べる. 1960年代ごろからアメリカで盛んになったブリーフセラピーの, 3つのモデルのうちの1つである. ドゥ・シェイザー夫妻によって創始され, ブリーフセラピーのモデルの中では, 現在もっとも新しく, ポピュラーな手法である. 現在までにエビデンスも蓄積され, 効果も示されている (de Shazer, 1985; Gingerich & Eisengart, 2000; Kim, 2008; Franklin, Trepper, Gingerich, & McCollum, 2011).

　中心的な概念（セントラルフィロソフィー）として，「もしうまくいっているなら，変えようとするな」「もしうまくいったのなら，もういちどそれをせよ」「もしうまくいっていないなら，何か違うことをせよ」が挙げられている．そのため，問題ではなく解決に，また問題のパターンではなく，「何がうまくいっているか」に焦点をあてる点に最大の特徴がある．クライエントのリソース（その人の持っている能力や資質，努力や対人関係など）を活かしながら，クライエントの望む目標に向かって，小さな変化を引き出し拡大していく．

　そのために特徴的な技法は質問がいくつかある．信頼関係の構築が最優先である点は他のアプローチと同様であり，クライエントの訴える問題を丁寧に聴いて理解を試み，安心感の土台を作り上げる．その後セラピストは，解決後の状態について尋ねる質問であるミラクルクエスチョンやアウトカムクエスチョン（「今お話になった問題がどのようになればよいと思いますか？」）を用いてクライエントの望みを尋ね，さらに質問や傾聴を続けながら，解決のイメージをクライエントとともに作り上げていく．その際用いられる代表的な技法には，スケーリングクエスチョン（現在の状態を数字で表現してもらう．例として「ここにいらしたときを1，もう大丈夫と思う時を10とすると，今はいくつくらいでしょうか？」など）や，例外状況（問題が起きていない時）を尋ねる質問（「今おっしゃった，解決のイメージに，少しでも近い状態が，最近ありましたか？」など），および，コーピングクエスチョン（困難な状況に対するクライエントの対処を尋ねる．「どうやってそれができたのですか？」「今日ここに来るのは大変だったと思いますが，一体どうやってこられたのですか？」など）がある．これらの質問技法と，クライエントとの協働を促進しエンパワメントするコンプリメント（ねぎらいと称賛），ノーマライズ（クライエントの体験が通常の範囲内であることを伝える）などを織り交ぜながら，面接を進める．

　そして，「クライエントにとって重要であり，生活の中で達成できる，具体的で現実的な小さなゴール」を設定する．これはウェル・フォームド・ゴールと呼ばれる．その後セラピストはクライエントと協働してゴールに到達できるよう面接を進めていく．この時大切なことは，常にクライエントの視点から検

討することと，クライエントのペースに合わせることである．これらのSFAの特徴的な質問や技法，考え方についての枠組みを，**表1‐1**にまとめた．

　この研究でSFAを用いたのは，実験者がなじみ深く，また侵襲的でなく依存性を高めないため，短期間で終結させる面接にふさわしいと考えたからである．またランバートら（Lambert & Bergin, 1994）の指摘から，クライエントの変化は用いる心理療法に依存しないと考えた．

　続いて，本書の主たる目的である認識および関わりの変化に関連して，SFAの効果の可能性を検討し，それが本書の趣旨にどのように貢献するかについて考察する．

　SFAでは，クライエントの訴える問題とその解決に焦点をあてて面接が進められる．すなわち，その人固有の問題と解決に対するとらえ方が尊重される．これは本書での主要な問題意識である「個人にとって，何かを問題と感じたり，それが心理療法を通じて解決したと感じることはどのような体験か」に非常に大きく関わっている．そして本書ではこの問題意識を，ワツラウィックの世界観，つまり「個人を取り巻く世界へのその人の認識と，世界との関わり」という視点を援用して検討していくことは，先に述べたとおりである．

　一方，世界観に関連するのは，問題と解決のとらえ方だけではない．そこに至るプロセスや，プロセス全体のコンテクストも同様である．SFAでは面接の中でクライエントに「どのようなことを問題ととらえているのか」について詳しく尋ね，「どのようになればいいのか，本当に望んでいることは何なのか，という解決のイメージ」について話し合い，共有していくプロセスがある．また「そのような解決のために何が必要か，どのように考えることが可能か，どのようなことができそうか」など，変化のプロセスやそのコンテクストについて，クライエントと協働して考えていく．これがSFAの面接の主要なプロセスである（De Jong & Berg, 2007）．つまり問題や解決，およびそのために必要な変化について，クライエントの視点から詳細に検討していくことになる．このとき今まで気づかなかったことに気づいたり，価値観を見直したり，過去の体

表1-1　解決志向アプローチ（SFA）の枠組み

（1）セントラルフィロソフィー
- もしうまくいっているなら，変えようとするな
- もしうまくいったのなら，もういちどそれをせよ
- もしうまくいっていないなら，何か違うことをせよ

（2）基本的な考え方
① 変化は絶えず起こっており，必然である．
② 必要なのは，小さな変化，小さな目標である．
③ 問題解決の鍵は，鍵穴にマッチ（ぴったりあう）していなくても，フィット（だいたい合う）していれば十分である．
④ クライエントは，自分の問題を解決するためのリソースを持っている

（3）セラピスト―クライエント関係のアセスメントと対応
① ビジタータイプ関係：クライエントが問題，不満を表明しない，もしくは変化や解決を期待していない
　　対応：コンプリメント，クライエントの状況を理解したことを伝える，課題は出さない．
② コンプレイナントタイプ関係：クライエントは不満を抱いており，変化への期待もある．しかし，問題は他人の行動によって解決される，自分の力では解決できないと思っている．
　　対応：コンプリメント，うまくいっていることの観察課題，例外を探す
③ カスタマータイプ関係：クライエントは問題解決のために自分で積極的に行動する用意がある
　　対応：コンプリメント，行動課題

（4）ウェルフォームドゴールの形成
① クライエントにとって重要であること
② 達成可能な小さなゴール
③ 具体的で特定の行動レベルであること
④ 問題の不在ではなく，何か他のことの存在として述べられること
⑤ 問題のおわりではなく，何か他のことの始まりとして述べられること
⑥ クライエントの生活の状況からして，現実的で達成可能なこと
⑦「熱心な努力」を要するとみなされること
⑧ 他者との関係の中で作られること

（5）治療的な会話のための5つの質問
　セラピーとは，セラピストとクライエントの会話を通して，相互作用的に解決を構成するプロセスである
① 治療前の変化を際立たせる質問
　　例：「面接を予約してから，今日までの間に，何か良い変化はありましたか」
② 例外を見つける質問
　　例：「問題が起こっていないときは，どんな時ですか」
③ ミラクル・クエスチョン：解決後の状態についてたずねる
　　例：「今晩眠っている間に奇跡が起こって，あなたの問題がすべて解決したとします．でも，あなたは眠っているのでそのことを知りません．明日の朝起きてから，問題が解決したことに気づく，最初の小さなきっかけはなんでしょう？」
　　アウトカム・クエスチョン：解決後の状態についてたずねる
　　例：「あなたは問題が解決してどうなればよいと思いますか」
④ スケーリング・クエスチョン
　　例：「今までで最悪の時を1，だいたい安心して生活できる状態を10とすると，今はいくつくらいでしょうか？」
⑤ コーピング・クエスチョン
　　例：「今までどうやって切り抜けてこられたのですか」

（6）関係の構築と情動的風土の醸成のために
① 話しをよく聞いて認め，関心を向ける
② コンプリメント：クライエントが努力していること，うまくいっていることについて，面接の中で取り上げ，称賛し，ねぎらう
③ ノーマライズ：クライエントの体験が，一般的な人間の生活の範囲内であることを伝える

験の再検討が行われることも多く，結果として，クライエントが世界をどのように認識し，関わるか，という世界観が変容することも珍しくない（De Jong & Berg, 2007; Lipchik, 2002; Walter & Peller, 2000）．経験的にはむしろ，それが大多数である．

　なぜならば，SFA では解決に焦点を当てるが，それによって解決だけが起こるわけではないからである．ドゥ・シェイザー（de Shazer, 1985）は，SFA を用いた28ケースの6か月後の追跡調査から，23ケースが改善し，そのうち11ケースは主訴に加えてその他の問題解決につながったと述べている．解決に至るためには，必然的に，問題や解決が実際に生起する生活におけるコンテクストのどこかが変わることになる（de Shazer, 1985）．具体的に言うと，「子どもが学校に行かない」ことを問題だとする保護者にとって，「子どもが学校に通う」という解決に至ることはもっとも重要な関心事である．だが実はその過程において，たとえば保護者の考えが柔軟になったり，子どもの適応力が向上したり，教師や友人との関係を含む学校の状況が変わったり，といった変化が，何かしら必然的に生起するのである．

　またこのプロセスを経て，解決のイメージそのものが変化することもよくみられる．たとえば先の例でいえば，親自身が価値観を見直し，必ずしも登校そのものにこだわらなくなり，「子どもが楽しそうにしていること」が新たな解決イメージとなるような場合などである．このようにコンテクストの変化はSFA の直接の目的ではないが，解決に至るプロセスで必然的に起きる変化なのである．そしてそれとともにクライエントや関係者の世界観も変化する．問題に対する認識と，関わり方が変化するのである．再び先の例で言うと，「子どもが怠けている」という行動面に焦点づけた認識が変化して「どんなふうに感じているのだろう？」と内面に関心を向けるようになったり，その帰結として，ただ叱責するだけでなく，落ち着いて言葉をかけるという関わり方に変化したりする．

　用いられる理論的アプローチが直接目標として扱うところと，結果として起

こる変化が，必ずしも一対一に対応しない例は，エルキンら（Elkin et al., 1994）
による NIMH（National Institute of Mental Health）のうつの治療プログラムにお
いても示されている．ここでは，認知行動療法や対人関係療法を用いているが，
全体として症状が改善した場合でも，認知行動療法によって認知の変化が，ま
た対人関係療法によって対人関係の変化が，他の療法に比較してより大きく起
こるとは限らないことが示されている．分析心理学やゲシュタルト心理学の指
摘にもあるように，個人の人格や心的世界は全体性を有するために一部の変化
が全体に及ぶ可能性は大きく，また個人は日々の生活の営みの中で他者と相互
影響しあっている．そこで心理療法においては，SFA に限らず目標以外の変
化が起こりうると考えることは十分妥当と考えられる．このことは筆者自身の
臨床経験や数多ある事例報告においても納得のいくことである．

　以上より，SFA は世界観の変化をターゲットとしたものではないが，世界
観の変化を必然的に伴うものであり，本研究の趣旨に沿っていると考えた．

1-4-2. PAC 分析と M-GTA

　ところで個人の視点から，問題や解決への認識と関わりを明らかにするに当
たり，どのような質的な研究法が有用であろうか．個人の主観への関心は，18
世紀のヴィーコやカントに起源をもち，19世紀に発展した構成主義の流れの中
でいくつかの理論として結実している．これらの流れから，パーソナル・コン
ストラクト理論（Kelly, 1955）のアセスメント法である Rep-Test（Repertory Test）
および，オスグッドら（Osgood, Suci, & Tannenbaum, 1957）による SD（Semantic
Differential）法といった，単一事例のための分析法が生まれ，その発展を踏ま
えて比較的実施しやすい個性記述的な質的研究法である個人別態度構造（PAC:
Personal Attitude Construction, 内藤，2002）分析が登場した．そこで，この研究
では，個別事例には PAC 分析を採用し，さらに複数事例に対する分析法とし
て，修正版グラウンデッド・セオリー・アプローチ（Modified Grounded Theory
Approach M-GTA, 木下，2003）を採用した．その理由について述べる．まず

PAC 分析は，自由連想とクラスター分析により，個人がもつイメージの構造を分析し明らかにする個性記述的質的分析法である．また，グラウンデッド・セオリー・アプローチは，1960年代にグレーザーとストラウスという 2 名のアメリカ人によって提唱された質的研究法であり，M-GTA はその 1 つの修正版である．社会的相互作用の分析に適しているといわれる．PAC 分析を問題および解決のイメージに対して用いることにより，通常のインタビューよりも，より深層の，本人も気づいていなかったイメージを扱えることに利点があると考えた．また PAC 分析には個人の内面および対人関係における相互作用を描き出す機能もある．それを個人と世界観との相互作用とみて，M-GTA を援用して分析することにより，問題や解決への認識および関わりを，深いレベルから明らかにできると考えた．

　ただし，PAC 分析を心理療法の効果測定に用い，なおかつそのプロトコルを M-GTA で分析するという手法は先行研究にも見られず，したがって本書が初めての試みであると言える．そこでこれらの分析法の採用の妥当性についての検討が必要であると考え，第 3，4 章および，第 7 章において詳しい検討を試みた．

1-4-3.　研究デザイン

　この研究のデザインは，解決したい悩みを持つ協力者に対して，SFA を用いた 3 回の試行面接と，その事前事後テストとしての PAC 分析を行う形とした．第 3 章で詳述するが，PAC 分析の対象が主に健常者であることをかんがみ，協力者はすべて健常者とした．さらに，事前と事後それぞれの PAC 分析のプロトコルを，M-GTA を援用して分析した．その理由について述べる．

　本書の目的は，心理療法の前後で問題に対する見方が変化することが，クライエントにとってどのような体験となるのかを，クライエントの視点から明らかにすることである．よって，事前事後の問題に対する主観的な見方を比較し，その違いに焦点を当てて論ずることが重要である．そのためには，クライエン

トの固有の主観を反映できるよう，質的分析法の方がより望ましいと考えた．また，複数の心理療法のアプローチの効果の比較研究が目的ではないので，今回はアプローチを 1 つに絞り，事前事後の変化だけを扱うこととした．

　冒頭で述べたように，現在心理療法の成果研究において主流となっている研究法に，RCT がある．これは，クライエントとなる被験者を，単一あるいは複数の異なる心理療法による実験条件および統制条件にランダムに割りあて，手引きに厳密に沿った手順でそれぞれの心理療法を行い，その効果を比較検討するものである．RCT の主たる目的は，条件間で比較研究を行うことであるが，上述のように本書の目的は，心理療法の前後での主観的体験の差異を検討することであり，心理療法のアプローチの比較を行うことではない．またRCT で用いられる指標は研究者の枠組みによる量的指標であり，本書の主たる目的である主観的な体験やその個人による差異についての考察が限定的となる可能性がある．

　以上の点から本書では RCT ではなく単一のアプローチを用い，主観的世界の事前事後の変化を，質的な分析法を用いて究明した．

第2章 **海外の動向** ― 心理療法のエビデンス研究と質的研究

◉2-1 目 的

　本章では，諸外国における心理療法のエビデンス研究の動向と，その中での質的研究の現状を概観し，成果研究における質的研究の可能性と課題点について論じ，本書の意義と位置づけを明らかにする．

◉2-2 エビデンス研究の世界的動向

　心理療法のエビデンス研究は，成果（outcome）研究と，プロセス（process）研究に大別される．オーリンスキーら（Orlinsky, Ronnestad, & Willutzky, 2004）によると，心理療法の成果研究は現在第四期を迎えているという．第一期は1950年代に始まったもので，その主な関心は科学的な研究の役割を確立することに向けられていた．第二期は1955～1970年で，セラピーのプロセスを客観的に観察することにより，科学的厳密さが追及された時期であった．第三期は1970～1985年であり，拡張，差別化，組織化という特徴が見られた．この時期主流となったのは客観的で，量的で，さらには実験的な研究であり，NIMH（National Institute of Mental Health）が行ったうつに関する調査はよく知られている（Elkin, Paloff, Hadley, & Autry, 1985）．また，メタ分析が登場し，心理療法の効果の大きさが議論された．そしてプロセス分析の領域では，グリーンバーグらが，ランダムサンプリングによらず治療的に重要なイベントを分析するという経験

的（experiential）手法によるタスク分析を提唱し（Rice & Greenberg, 1984），関係性の重要性が再認識された．

　そして1985年以降の第四期は，統合化，標準化，精緻化，そして根本的から問い直す批判，革新，議論を交えた，パラドキシカルな性質を持つとオーリンスキーら（Orlinsky, et al., 2004）は述べている．統合の一例として，NIMH のうつの治療プログラムが挙げられる（Elkin, 1994）．この研究はランダムトライアル，特定の診断基準を満たすクライエント，マニュアルにより統一され絶えずその適合性がチェックされる治療，という標準化された手法のモデルを呈示している．さらに洗練され進化した分析法として階層線形モデルが導入され，精緻化が実現した．

　こうした主流派に対し，成果の評価法およびセラピーのプロセス分析手法の両面において，異なる流れが起こっている．前者については，ハワードらによる patient-focused research（Howard, Moras, Brill, Martinovich, & Lutz, 1996）があり，グループ間の比較ではなくクライエント個人に適したセラピーを，階層線形モデルをはじめとする統計的手法を用いて，個性記述的に究明することを目指している．そして後者については，今までにない質的研究やナラティブの分析への関心の高まりという革新的な特徴が見られるという．

　以上の指摘はオーリンスキーら（Orlinsky, et al., 2004）によるものであるが，これらをまとめるとエビデンス研究の現状は，成果研究における標準化の方向性と，それへの批判から生まれた個性記述的・質的研究の高まりであるといえる．その要因として，特定の療法が他に比べてより効果的であるという結果は見出されなかった（Lambert & Bergin, 1994）ことや，そこから治療の共通要因が研究され，治療者と患者との関係性や協働関係が重要とみなされるようになったことが考えられよう．関係性は，個々のケースに特有の要因であり，そのため「ある治療者が，ある患者に対して成果を上げられつつあるか」についての個性記述的な研究が求められるようになった（Lambert & Okiishi, 1997）といえる．

◉ 2-3　質的研究の位置づけ

前節で述べたように，エビデンス研究でもその発展とともに，個性記述的な研究が注目されつつある．一人ひとりがユニークな存在である．クライエントの視点をとらえるには，従来成果研究で用いられてきた質問紙法や生理的指標などの量的指標は，研究者側の設定した選択肢の範囲内での測定となるため（Bohart, 2005），十分とは言えないことが考えられる．そこで以下に，質的エビデンス研究の現状を概観する．

Hill（2006）は質的エビデンス研究の利点として，6点を挙げている（表2-1）．

このように質的エビデンス研究はクライエントの体験に迫ることができる点に大きな特色があるといえよう．

心理療法の質的研究は，近年急速に発展しつつあり（Orlinsky, Ronnestad, & Willutzky, 2004; Hill, 2006），代表的な研究法としてグラウンデッド・セオリー・アプローチ（Strauss & Corbin, 1998），現象学的手法（Georgi, 1985），包括的プロセス分析（Comprehensive Process Analysis＝CPA; Elliot, 1989），合意による質的研究（Consensual Quality Research＝CQR; Hill, Thompson, & Williams, 1997）などが挙げられる（Hill, 2006）．またこれらを用いた研究はおおむね，焦点がセラピー中

表2-1　心理療法のエビデンス研究における質的研究のメリット（Hill, 2006）

① 一人ひとりにとって異なるセラピーの体験を，クライエント個人の視点から詳しく知ることができる．
② 仮説検証的ではなく，仮説生成的であるため，研究者は予想の範囲を超えた結果を得ることができる．
③ 複雑な現象について調べることに適している．
④ データに接近した研究が可能になる．
⑤ 手法的に臨床実践と類似し，体験を反映しているため，臨床家にとって利用しやすい結果が得られる．
⑥ 研究者が提示した以外の方法で，実験協力者が自分自身の物語を語る余地が残されている．

表 2 - 2　質的エビデンス研究

対象	研　　究	質的分析法	テ　ー　マ
クライエント	Rennie (1994a)	GTA	面接中の体験
	Elliott et al. (1994)	CPA	重要な面接中のイベント
	Cummings, Hallberg, & Slemon (1994)	CQR 的	セッション中の重要なイベントとその理由，思考，変化
	Rhodes et al. (1994)	CQR 的	セラピー中に解明できたこと，できなかったこと
	Watson & Rennie (1994)	GTA	問題のある反応の解明についてセラピー中に生起した重要な瞬間
	Rennie (1994b)	GTA	ストーリーテリングの主観的体験
	Bachelor (1995)	現象学的	治療同盟
	Knox, Hess, Peterson, & Hill (1997)	CQR 的	セラピストの自己開示が助けになった場合のクライエントの経験
	Kelly (1998)	CQR 的	秘密保持に関する自己報告と，症状との関連
	Knox et al. (1999)	CQR	セラピストの内的表象
	Hill et al. (2000)	CQR	夢および喪失への焦点づけの体験
セラピスト	Frontman & Kunkel (1994)	GTA	初回面接における成功
	Hill et al. (1996)	CQR 的	セラピーの中断につながるような治療上の行き詰まり
	Hayes et al. (1998)	CQR	逆転移
	Jennings & Skovholt (1999)	inductive analysis	マスターセラピストの面接や仕事における体験
	Knox, Hess, Williams, & Hill (2003)	CQR	クライエントからの贈り物
両方	Rasmussen & Angus (1996)	GTA	メタファーの意味

注：GTA＝グラウンデッド・セオリー・アプローチ，CPA＝包括的プロセス分析，CQR＝合意による質的分析，
　CQR 的＝CQR と明記されていないが類似した手法，を表す．

のクライエントおよびセラピストの体験に当てられている．これらの研究の対象および分析方法を表 2 - 2 に示す．

2-3-1.　クライエントの体験に焦点を当てたもの

面接中の体験（Rennie, 1994a），面接中の重要なイベント（Elliott, Shapiro, Firth-Cozens, Stiles, Hardy, Llewelyn, & Margison, 1994），セッション中の重要なイベント，その理由，セッション中に考えたこと，経験した変化（Cummings, Hallberg, &

Slemon, 1994)，セラピー中に解明できたこと，できなかったこと（Rhodes, Hill, Thompson, & Elliott, 1994），問題のある反応の解明（Watson, & Rennie, 1994），面接の中でストーリーテリングを行うことの主観的体験（Rennie, 1994b），治療同盟（Bachelor, 1995），セラピストの自己開示が助けになった場合のクライエントの経験（Knox, Hess, Peterson, & Hill, 1997），秘密保持に関する自己報告と，症状との関連（Kelly, 1998），セラピストの内的表象（Knox, Goldberg, Woodhouse, & Hill, 1999），および夢もしくは喪失への焦点づけの体験（Hill, Jason, Wonnell, Hoffman, Rochlen, Goldberg, Nakayama, Heaton, Kelly, Eiche, Tomlinson, & Hess, 2000）などが挙げられる．

2-3-2. セラピストの体験に焦点を当てたもの

初回面接における成功（Frontman, & Kunkel, 1994），セラピーの中断につながるような治療上の行き詰まり（Hill, Nutt-Williams, Thompson, & Rhodes, 1996），逆転移（Hayes, McCracken, McClanahan, Hill, Harp, & Carozzoni, 1998），マスターセラピストの面接や仕事における体験（Jennings, & Skovholt, 1999），クライエントからの贈り物への対応（Knox, Hess, Williams, & Hill, 2003）などがある．

2-3-3. クライエントとセラピストの両方の体験に焦点を当てたもの

面接の中で扱われるメタファーの意味（Rasmussen & Angus, 1996）などがある．

表2‐2から，心理療法の質的研究の対象とされてきたのは，そのほとんどが「面接中に何が起こったか」についてのプロセス研究であることがわかる．「面接の結果として起こった変化」すなわち成果についての研究は見られない．もちろん，面接が効果的であることを示すためには，面接のプロセスはその成果との関連で検討されなければならない（Greenberg & Watson, 2006）が，上記のプロセスを対象とした質的研究においても，その成果の指標としてはいずれも量的なものが用いられている．

表 2 - 3　成果研究の望ましい指標の条件 (Hill & Lambert, 2004)

① 計られているものが何かが明確で，再現可能である．
② 複数の尺度から構成され，多面的な視点から変化をとらえられる．
③ 症状に対応し，特定の臨床理論に縛られない．
④ ある程度の期間の変化のパターンをとらえられる．

　この理由について，ヒルら (Hill & Lambert, 2004) は成果研究においては，指標として**表 2 - 3**の 4 条件を満たすものが望ましいとしている．

　実際に量的指標として質問紙法がもっともよく用いられ，その中でも BDI (Beck Depression Inventory)，SCL-90 (Symptom Check List-90) などの使用頻度が高い．一方臨床現場で伝統的に用いられ，クライエントの内的世界や知覚の特性を知ることに適しているロールシャッハ・テストや TAT などの投影法は，ほとんど採用されていない．その計量性の乏しさや時間がかかることなどの課題点をヒルら (Hill & Lambert, 2004) は指摘している．量的でない指標は，特に**表 2 - 3**の①を満たしていないために，成果研究には望ましくないとみなされているようだ．

● 2-4　心理療法の成果に関する質的研究の必要性

　だが，同じ**表 2 - 3**の他の条件についてはどうだろうか．たとえば**表 2 - 3**②に関連して，ヒルら (Hill & Lambert, 2004) は，客観的な指標の標準化を望ましいとする一方で，おびただしい種類の質問紙が思い思いに用いられている混沌とした現状が，心理療法の複雑さや多義性を反映していると認めている．そして成果の大きさは定義の仕方によって大幅に変わることを指摘している．「成果の測定法として何が適切か」という問には，何をもって成果とするか，という根源的な問が含まれており，量的な指標も完ぺきではない．クライエントは一人ひとりがユニークな存在であり，固有の世界観を有していることを考慮すると，複雑で多義的な心理療法の成果の研究においては，**表 2 - 1** の質的

研究の特徴③に見られるように，むしろ質的研究によって明らかにされる側面も存在する可能性が見えてくる．

また，クライエントの多様性とともに，心理療法におけるクライエントの貢献の大きさも無視できない．クライエントの要因は心理療法の成果に大きく影響するという指摘がある（Lambert, Shapiro, & Bergin, 1986）．よってクライエントの視点からの研究は，望ましい心理療法の成果を考える上で，非常に重要だと言える．

ところでクライエントの視点から「心理療法を受けたことがどのような体験となるか」という問いへの答えを考える時，量的な指標にはいくつかの問題点が考えられる．まず，心理療法がクライエントの生活に与える影響は複雑であり，症状の消失のみでは測れないものがある．たとえば東（1993）は，心理療法によって症状は消失したがそれによって生活の質が低下した例を挙げている．よって BDI，SCL-90 などの質問紙への回答によって数値化される症状の消失や社会的機能の向上のみではなく，むしろそれらの指標が変化した時に，クライエントの生活や世界観がどのように変化するかという視点からの考察が必要となるであろう．

さらにタルモン（Talmon, 1990）は，治療家が中断ケースとみなしたものの多くにおいて，実はクライエントは既に十分と考えて来談しなくなっていたことを明らかにした．すなわち，クライエントは治療者とは違う基準で改善をとらえていたことが解る．この点をとらえるには，クライエントの視点からの検討が必要である．

以上をまとめると，心理療法の成果研究には複雑性において現在の所表 2 - 4 に示すような課題点があると考えられる．

これらの点は，表 2 - 1 で述べた質的研究のメリット（Hill, 2006）によって補うことが可能と考えられる．具体的には表 2 - 4 の①は，表 2 - 1 の③「複雑な現象について調べることに適している」ことによって対応可能であり，表 2 - 4 の③は表 2 - 1 の①「一人ひとりにとって異なるセラピーの体験を，クラ

表 2 - 4　心理療法の成果研究における課題点 (複雑性という観点から)

① 心理療法の複雑な影響についての査定
② クライエントの生活や人生の文脈における心理療法の意味の探求
③ クライエント固有の視点の尊重

イエント個人の視点から詳しく知ることができる」によって対応できるであろう．また，**表 2 - 4** ②を実践するには，研究者の想像を超えた，個別の，複雑で厚みのある，クライエントの人生へのまなざしが要求されるが，それは**表 2 - 1** の①〜④すべてに当てはまるものであり，特に④「研究者が提示した以外の方法で，実験協力者が自分自身の物語を語る余地が残されている」ことにより，可能になるであろう．

　ここまでの検討から，心理療法の多義的で複雑な成果のさらなる解明にくみするため，質的な研究法を用いて，クライエントの主観的な体験を明らかにしたいと考えた．

●2-5　質的研究の課題点

　そこで次に質的研究によって成果を検討するにあたっての課題点を検討する必要がある．質的エビデンス研究の課題点としてヒル (Hill, 2006) は，**表 2 - 5** に示す 4 点を挙げている．

　成果研究で質的分析を行うに当たり，これらをすべて回避することはできなくても，いくつかの点で工夫を試みることは可能であろう．たとえば①および③については，他の研究との共通点の共有可能性や比較可能性が問題となる．よって，なんらかの客観的な手順を取り入れた手法が望ましいといえるだろう．また，②については，協力者と実験者の視点の切り分けや，その統合についてのルールが，手順の中に定められていることが，混乱を少なくすると思われる．④については，過去の記憶によらず現在時点の状況を分析できるよう工夫が必要である．たとえば心理療法の事前・事後という 2 時点でデータをとり比較す

表2‒5 質的エビデンス研究の課題 (Hill, 2006)

① さまざまな研究を関連づけることが困難である.
② 評定者が自身のバイアスに基づいてデータを解釈しており, 協力者と評定者の視点を区別することが困難あるいは不可能である.
③ 結果を一般化することが難しい.
④ 回想法を用いることで, 記憶の変容のために実際の体験と異なる報告がなされる可能性がある.

表2‒6 成果研究において質的分析を行う際の留意点

① 共有可能性
② 比較可能性
③ 実験者と協力者の視点の切り分けと統合
④ 記憶によらないデータ収集

ることができれば, 記憶に寄らない過去の状態と比較し, 変化を査定することができる. その意味でも比較可能性は重要である. 以上をまとめたのが, 表2‒6である.

これらの特徴を備えた手法について, 次章において検討する.

第3章　個人別態度構造（PAC）分析の適用の検討

◉3-1　目　的

　この章では，「個人が問題やその解決をどのように見て体験しているか」を考察するために，心理療法の成果の質的分析に適した手法として，個性記述的質的研究法であるPAC分析（Personal Attitude Construction Analysis: 個人別態度構造分析）について検討する．心理療法の成果に関する質的分析の方法論についての先行研究がほとんどみられないため，方法論についての詳しい検討を行うことがこの章の目的である．

　成果に関する質的分析については，表2-4で示した量的研究の課題点への対応の可能性が期待できるとともに，表2-6で示した質的研究の留意点にも配慮する必要がある．また，この研究の分析の切り口として第1章で提示した「世界への認識と関わり」という視点への適合性も考慮したい．

　そこで本章では，まずPAC分析の手順を提示することで内容を確認する．次に先述の3つの観点から，この研究で成果の質的分析法として採用するにあたっての，優位性と妥当性および留意点を検討する．そして，事前事後テストとして用いた先行研究のレビューから，実際にどのように活かされておりどのような利点が期待できるかについても検討する．

●3-2　PAC 分析

3-2-1. PAC 分析の手順

　PAC 分析は，内藤（2002）によって開発された，自由連想法とクラスター分析による質的分析法である．自由連想法というカウンセリング的・事例記述的手法と，クラスター分析という操作的・実験的・統計学的手法の両者をあわせもつ点に特徴がある．内容としては，当該テーマに関する自由連想，連想項目間の類似度評定，類似度距離行列によるクラスター分析，協力者によるクラスター構造のイメージや解釈の報告，実験者による総合的解釈という手順によって進められ，それによって個人の持つ態度やイメージを明らかにすることができる．

　以下に，内藤（2002）にならい，実施手順を示す．なお，内藤（2002）ではPAC 分析に協力するものが「被験者」と表記されているが，本書では，全体の統一のため，「協力者」と記した．

（1）実施の前に行っておくことと留意点

① 研究テーマの設定

　個人的な構造分析によって，どのような内容を研究したいのかについて，テーマを設定しておく．研究の根幹であり骨格となる，大切な作業である．

② 連想刺激の作成

　研究テーマに沿って，連想刺激を作成する．連想刺激は，PAC 分析の成果を左右するもっとも重要な要素の1つである．その際，抽象的・一般的なスキーマやステレオタイプを引き出すことを目的とするのか，それとも具体的・個人的なものを引き出そうとするのかを明確にする必要がある．前者の場合，「ストレスとは」後者の場合は「あなたにとってのストレスとは」などとなるであろう．

　また，あるテーマについての全体構造を緻密に検討する時は，具体的な構成

要素を組み合わせて構成する．たとえば，「あなたは何によってストレスを感じますか．またストレスを感じている時は，どのような身体的・心理的反応が生じますか．どんなことをしたくなったり，実行しますか．対人関係はどのように変化しますか」などとなる．

③ 面接場面の設定

実施に当たっては，プライバシーの保護と，協力者が落ち着いて私的自覚状態を高め内省できるために，面接室等で対面して行うとよい．また記録のために，協力者に許可を得た上で，録音を取ることもよいであろう．記録に当たっては，できるだけその場で文字にしておく．表情やしぐさなどの非言語の情報や，実験者が感じていたその場の雰囲気のすべてをテープに収録しておくよう心がける．

（2）実施段階

① 倫理的配慮

実験に先立って，「協力者からの申し出によって，いつでも実験を中止したり一部について回答を拒否することが可能である」ことを伝える．

面接場面（インタビュー）は，プライバシーを保護し，他者に注意が向かうことなく協力者が内省しやすいように，実験者と協力者の2名とすることを原則とする．面接を録音したり，録画する場合には，協力者の許可を得る．結果の公開が予測される場合には，プライバシーや権益の保護を優先することを宣言し，あらかじめ協力者の承諾を得ておく．

② 連想反応を得る

倫理的配慮についての同意が得られたら，いよいよ実験を開始する．まず最初は，3-2-1.の（1）②で作成した連想刺激を提示し，「頭に浮かんできたイメージや言葉を，思い浮かんだ順に番号をつけてカードに記入してください」などと教示し，連想反応を得る．連想反応は言語（文章・単語の文字ないしは音声表現）と非言語（メロディ，彫塑，など）のいずれであってもいいのだが，現在多く用いられているのは，言語による反応をカードに記入してもらう方法である．

反応数が増加すると組み合わせの数が膨大になるので，あらかじめ制限することもある．或いは逆に連想反応を算出しにくい刺激の場合は，分析のための情報が不足しがちになるので，「もっと浮かんできませんか？」と教示することにより連想が続くことが多い．

③ 連想順位と重要順位の測定

連想順位は，カードへの記入や口頭での報告などを通じて自動的に得られる．重要順位については，「言葉の意味やイメージがプラスであるかマイナスであるかの方向に関わりなく，あなたにとって重要と感じられる順にカードを並べ換えてください」と教示して回答を得る．同順位と感じられる場合は，強制選択とするが，どうしても決められない時は，連想順位の早い方を重要度の高い順位とする．

④ 類似度距離行列の作成

項目間の類似度距離行列を作成する為に，ランダムにカードのすべての対を選び出し提示しながら，以下の教示と7段階の評定尺度に基づいて類似度を評定させる．「あなた自身の○○に関連する物として挙げたイメージや言葉の組み合わせが，言葉の意味ではなく，直観的イメージの上でどの程度似ているかを判断し，その近さの程度を下記の尺度の該当する記号で答えて下さい」

非常に近い………………A
かなり近い………………B
いくぶんか近い…………C
どちらともいえない……D
いくぶんか遠い…………E
かなり遠い………………F
非常に遠い………………G

A〜Gの記号は，協力者に回答させる時，既に記入した他の組み合わせの距

表3‐1　類似度距離行列の例（連想項

目数が6の場合）

	①	②	③	④	⑤	⑥
①	0					
②	3	0				
③	4	6	0			
④	1	2	1	0		
⑤	2	2	4	3	0	
⑥	7	5	5	6	4	0

注：①〜⑥は連想項目番号（重要順位）を，表中の
　　数字は類似度を表す．

離を意識化しにくいように用いたものである．

　次にこれらの評定を用い，同じ項目の組み合わせは0，Aは1，Bは2とい

うふうに，0点から7点までの得点を与えることにより類似度距離行列を作成

する．例を表3‐1に示す．

⑤ クラスター分析とクラスター分割

　上記の方法により得られた類似度距離行列を入力データとして，ウォード法

でクラスター分析を行う．ウォード法を用いる理由は，経験上は，本方法が他

の方法と比較すると，解釈上意味のある結果を得やすいため（内藤，2002）であ

る．

　HALWINを用いた場合のデンドログラムの出力結果に，見やすいように連

想項目の内容を書き加え，さらに実験者によるクラスター分割の原案を書き込

んだものを図3‐1に示す．このように，協力者が抱いているイメージが，連

想項目による樹形図として表現される点に，PAC分析の最大の特徴がある．

　これを協力者にも提示しながら，ともにクラスター分割について検討する．

その際，実験者が有効な解釈が得られると判断した距離で，横断的に直線で切

断する一般的な解釈を提示しながら，協力者のイメージを引き出す方法が有効

である．協力者によっては，直線ではなく，斜線や曲線で切断する方が，しっ

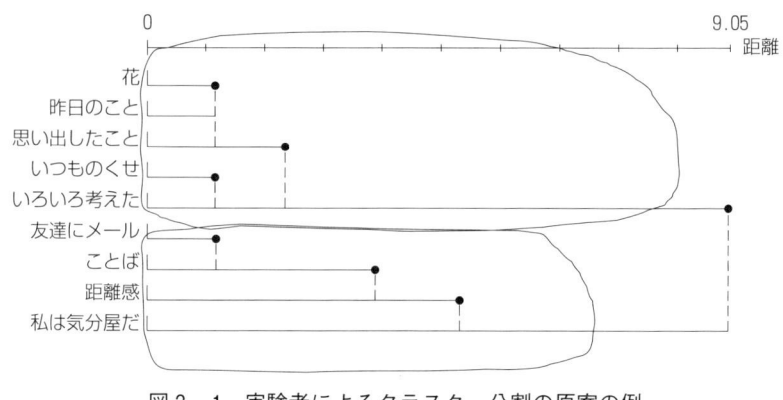

図3‐1　実験者によるクラスター分割の原案の例

くりくると報告する場合もある．個へのアプローチの特徴として，こうした協力者の併合イメージによりどころを置くことも多い．

⑥ 協力者による解釈と報告

　デンドログラムの結果と分割したクラスターについて，協力者にイメージさせたり，解釈させたり，というプロセスである．

　PAC 分析では，協力者がデンドログラムからイメージしたり解釈したものも，質的データとして利用するという，特異な特徴がある．そこで，協力者からイメージや解釈を引き出す技術も重要である．

　クラスターのイメージ：各クラスターのまとまりを，上から順番に，協力者が連想項目の内容を味わいながら感じられるように，一つひとつ間を置きながら，ゆっくりと読み上げる．具体的には，「『○○○』……『×××』……『□□』……が，1つのグループにまとまっていますが，どんなイメージが湧いてきますか？　……またどんな内容でまとまっていると，感じられるでしょうか？　……」と質問する．協力者に内界で発生するイメージ・感覚・感情を「感じさせつづけること」，自由な回答を可能にする「オープン・クエスチョン」が原則である．そして「実験者もまた感じ続ける」ことが大切である．「協力者のイメージの流れに寄り添う」同行者として，傾聴する姿勢を保ち続

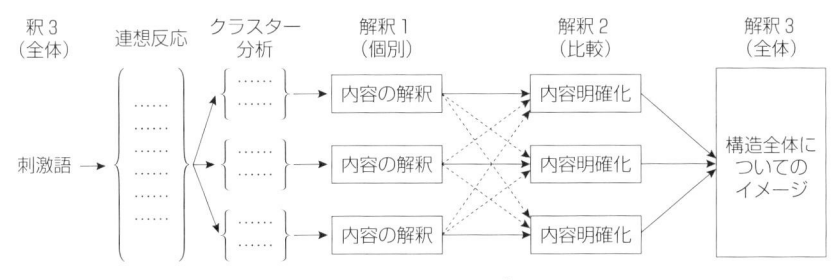

図3 - 2　協力者による構造分析のプロセス（内藤，1997）

ける．これを，すべてのクラスターについて行う．

　クラスター間の比較：次に，2つのクラスター間の比較にうつる．「今度は，一番目のグループと，二番目のグループを比べてみてください．どんなところが似ていて，どんなところが違うと感じるでしょうか……．比べた時の同じところ，違うところについて教えてください」というように質問する．協力者が沈黙したらそれを受け止め，「他にはありませんか？」「その他にはどうでしょうか？」と繰り返し続けることで，協力者の内界の探訪を助ける．これをすべての2つのクラスターの組み合わせについて行う．そのあとで全体のイメージを報告してもらう．

　補足質問：連想項目の中で，意味のわかりにくいものや他の項目とのつながりがわかりにくいものについて，補足質問を行う．

　項目のプラスマイナスイメージ：単独項目のプラスやマイナスおよびゼロ（どちらともいえない）のイメージを尋ねる．具体的には，「それぞれの項目の一つひとつを単独で取り上げた時に，プラス，マイナス，どちらでもないのゼロ，のどれが浮かんでくるでしょうか？　言葉の意味ではなく，実際に感覚として感じられるものを教えてください」などと教示する．

　上記の（2）②〜⑥のプロセスをまとめたのが**図3 - 2**である．

⑦　総合的解釈

　⑥でともに感じ取った協力者の内界のイメージを，実験者が単独で解釈する段階である．その際，既有の知識（新たに文献に求めたものも含めて）をフル動員

表3-2　PAC分析のカウンセリング導入への効果

（（井上，1998）を参考に筆者が作成）

1．直接的精神間機能分野：
　1対1のカウンセリングの場におけるカウンセラーとクライエントの関係に着目した分野
　① 導入促進機能：カウンセリング導入への心理的抵抗を低減し，動機を高め，関係成立を助ける
　② 自己開示促進機能：語連想というPAC分析の手法により自己開示への心理的抵抗感が低減す
　　る
　③ 信頼感形成機能：カウンセラーとクライエントの二者の信頼関係を促進する
　④ 対話発展機能：樹形図解釈等を含め，共通話題によるコミュニケーションが発展する
2．精神内機能分野：
　クライエント自身の精神世界とその変化に着目した分野
　① 共有知識的理解機能：共通知識的理解が協働活動をとおして深まる
　② 明確化機能：適切な刺激語により問題の明確化が生じる
　③ 自己理解促進機能：PAC分析全体を通してクライエントの自己理解と他者理解が促進される
　④ カウンセラー気づき機能：カウンセラーにとっても認識の深まりや気づきのきっかけになる
3．間接的精神間機能分野：
　クライエントの内的世界を，第三者にも理解可能な形で提示する，客観的なデータ・資料・査
定・評価の道具，いわゆる心理テストの一種としての機能
　① 記述記録機能：カウンセリング過程内で生じる個の主観的世界を客観的に記述・記録する
　② 実務説明機能：関係者へのコンサルテーションのため，クライエントの状況を客観的に説明す
　　る
　③ 評価査定機能：カウンセリングの効果の測定・評価のため，クライエントの内面世界がカウン
　　セリング開始時と終結時の2時点でどのように変化したかについて，事前事後テスト的に使用
　　する

し，全体の情報を統合しながら，鉈をふるうようにして骨格を取り出し，細部は剃刀で削るようにシャープに考察する．

　第1ステップ：データ全体をぼんやりと見渡して，協力者の内界を十二分に味わう．

　第2ステップ：データの結果を要約するだけでなく，既存の理論や知見を参照しながら意味づけるようにし，現代の学問の最先端の水準で解釈する．

　第3ステップ：既存の理論や知見からの飛躍を試みながら，価値創造的な解釈を試みる．

3-2-2. PAC分析の機能

　井上（1998）は，**表3-2**に示すように，PAC分析のカウンセリング導入へ

の効果を，ヴィゴッキーの用語にならい3つの領域，11の機能に分類して整理
している．

　本章では心理療法の成果の査定に焦点を当てるため，第三の間接的精神間機
能，特に評価査定機能について考察する．評価査定機能とは，表3‐2にある
通り，クライエントの内的世界がカウンセリング開始時から終結時の2時点で
どのように変化したかについて，いわば事前・事後テスト的にPAC分析を用
いてカウンセリングの効果を測定・評価する機能である．しかしもちろんその
場合にも，表3‐2の他の機能が重複して働いていることは言うまでもない．

◉3-3　成果研究における質的分析としての妥当性と優位性

　以上の特徴を備えたPAC分析の，心理療法の成果研究における質的分析法
としての妥当性と優位性を検討する．通常のインタビューを用いた場合と比較
して検討を行う．

3-3-1.「心理療法の成果研究における課題点」への対応において優れている点
　まず，表2‐4に示された「心理療法の成果研究における課題点（複雑性とい
う観点から）」①〜③について検討する．
① 心理療法の複雑な影響についての査定
　実施手順で示したように，連想項目やそのプラスマイナスイメージといった
ミクロレベルの検討から，クラスターや全体の構造，さらにはそこでのスクリ
プト（内藤，2008）によるプロセスの分析というマクロレベルでの知見も得るこ
とができる．また，研究者と協力者双方が解釈を行う．これらが複眼視による
複雑な影響を明らかにすることを可能にする．通常のインタビューに比べて，
これらの手法が方法論として組み込まれている点で，複雑な影響を明らかにす
ることが，よりたやすくなると考えられる．

② クライエントの生活や人生の文脈における心理療法の意味の探求

　PAC分析では，連想項目をクラスターという形で構造化するため，クライエントが描くイメージの文脈を構造化・視覚化して表すことができる．また，**表3-1の2**．精神内機能分野における②明確化機能にもあるように，適切な刺激語によって問題が明確化されたり，③自己理解促進機能に見られるような，さらに深層の自分を探る体験となる．これは通常のインタビューでも起こりうることだが，PAC分析では特に，自由連想という個人の内面を探る作業とともに，それをクラスター分析し，その構造を解釈する段階を経ることにより，今まで気づかなかった文脈の意味を明らかにすることができる．

③ クライエント固有の視点の尊重

　表3-2の2．精神内機能分野の③自己理解促進機能にもあるように，PAC分析全体を通して，クライエントの自己理解と他者理解が促進される．それゆえ，通常のインタビューと比べて，クライエント固有の視点をよりクリアに示すことができる．また，通常のインタビューでは，クライエントの語りを，より深いレベルで解釈しまとめるのは実験者の仕事である．これに対しPAC分析では，実施手順の中に協力者による解釈が含まれていることから，通常のインタビューと比べて，より深層の解釈においてもクライエントの視点からの検討を加えられると考えられる．

3-3-2. 「質的分析を行う際に留意すべきこと」への対応において優れている点

　次に，**表2-6**に示した「成果研究において質的分析を行う際の留意点」への対応という点について検討する．

① 共有可能性および② 比較可能性

　クラスター分析という統計的な手法が実施手順に組み入れられ，プラスマイナスイメージの個数やクラスター数など，数値による客観的指標も有している．これらが比較的簡易に得られることから，他の研究との「①共有可能性」や2時点での「②比較可能性」が比較的容易に行えると考えられる．

③実験者と協力者の視点の切り分けと統合

　実施手順の中に協力者による解釈とそれに次ぐ実験者の解釈が組み込まれ，双方の視点をそれぞれ区分けしながら総合的に解釈するプロセスが考慮されている．協力者自身がクラスターの解釈などを行うことによりかなり深い考察を行うことが可能になり，実験者の解釈のない段階で協力者独自の解釈が得られている．また実験者の視点はそれに対して総合的解釈の段階で解釈を行うことで明確に視点の切り分けが行われている．同時に総合的解釈は双方の視点が統合される段階でもある．このように，切り分けと統合が実施手順として明確に定められている．

④記憶によらないデータ収集

　実施手順から明らかなように，現時点での自由連想項目についての分析であり，それを表3-2の機能のうち評価査定機能によって事前事後テストとして用いることにより，その時点でのイメージについて検討することができる．これらは過去の事象の記憶の分析ではないので，記憶による歪みをほぼ減らすことができる．

3-3-3.「世界への認識と関わり」を対象にする際に優れている点

　第1章で示したように，「世界への認識」「世界への関わり」は，相互に影響しあいながら絶えず動いている．一方PAC分析は，項目同士の関係およびクラスター同士の関係から，スクリプトを形成し，個人の内面および個人と周囲との関わりという内的・外的な相互作用を描き出すことができる．よって，通常のインタビューよりも，「世界への認識と関わり」を対象とし，その変化を描き出すことに優れているといえよう．

◉3-4　他の単一事例の分析法との比較

　第1章で述べたように，個人の主観への関心は，19世紀にパーソナル・コン

ストラクト理論（Kelly, 1955）として結実し，その流れを受けて比較的実施しやすい PAC 分析が登場した．そこで，パーソナル・コンストラクト理論のアセスメント法である Rep-Test（Repertory Test）および，オスグッドら（Osgood et al., 1957）による SD（Semantic Differential）法などの単一事例分析法と比較し，PAC 分析の特徴について検討する．これらの方法と PAC 分析との相違点については，内藤（1993b：2008）が検討を行っているが，それらを踏まえつつ考察する．

3-4-1. SD 法

　SD 法は，オスグッドら（Osgood et al., 1957）が開発した，事象の一般的な意味次元を量るための測定法である．測定したい対象を，「好き―嫌い」などの反対語の対からなる評価尺度を複数用いて測定する．5 段階や 7 段階の両極性の尺度で複数の協力者に回答させ，数値化する．さらに因子分析により評価次元を抽出するのが一般的である．そして各次元の因子得点や下位尺度得点を基に，因子の次元を用いて対象を空間表示したり，図示したりする．

　PAC 分析との相違点は，以下のようにまとめられるだろう．

　①SD 法では，評価尺度は研究者が決定する．これに対して PAC 分析では，協力者によって自由連想されたものを用いる．よって，前者は研究者の関心に沿って，後者は個別の協力者自身によってアクセスされたものに沿って分析することになる．そのため PAC 分析には SD 法と以下の点が異なる．まず単語でも文章でも連想された物を自由に用いることができ，連想の表現様式という点でも個性をとらえることが可能である．また，個人によって具体的に連想され表現された体験内容を分析することになり，より現象記述的であるといえる．そのため，治療や行動変容などの実践に必要な具体的な手掛かりを得ることに適している．

　②SD 法では行動は情緒的意味をもつ尺度の次元によってのみ決定される．PAC 分析では，情緒的意味を含みつつそれ以外の外延的部分も総合して意味

を決定する点が異なる.

　③ 結果の解釈において，SD 法は研究者のみが行うが，PAC 分析ではまず協力者に解釈してもらい，それを踏まえて研究者が総合的な解釈を行う．また SD 法で協力者が解釈を行うことは可能だが，PAC 分析のほうが，協力者自身の世界観を反映した言葉で構成されるため，協力者が解釈する必要があり，またそれが容易である．そして臨床などのように了解的解釈が重要な意味を持つ場合は特に，PAC 分析の方がより適していると考えられる.

　④ SD 法では，すべての人に共通する次元が存在し，また個人も，すべての対象に対して共通する次元で記述することを前提としている．これに対し PAC 分析では，個人間でも，個人内でも共通次元を前提とせず，その個人に固有のとらえ方と，対象固有のイメージを描き出す．この点で，SD 法とは構造のとらえ方が異なるといえる．PAC 分析は，協力者にとってのイメージをより細やかに描き出すことが可能である.

3-4-2. Rep-Test

　ケリー（Kelly, 1955）によると，事象の解釈・予測・統制は，コンストラクトと呼ばれる要素に基づいて行われる．コンストラクトはその数も内容も個人によってさまざまに異なり，コンストラクト相互の関連性やその内容の差異を把握することにより，その人物のパーソナリティ傾向を明らかにすることができる．そのために開発された Rep-Test（Kelly, 1955）は，複数の対象（主に人物）を，複数のコンストラクト（主に形容詞）で評定させるテストであり，得られた協力者の反応を分析して，協力者の認知様式をとらえようとするものである.

　Rep-Test の理論的背景であるパーソナル・コンストラクト理論は，19世紀に発展した構成主義の流れの中で，パーソナリティと臨床実践についての包括的な理論として結実した（Kelly, 1955）．そこで述べられたのは，クライエント独自の構成システムの内容と構造を概念化し，抽出し，変化させる方法であった．この理論は教育学，精神病理学，人工知能，などさまざまな領域に影響を

与えることとなったが，独自のアセスメント方法としてレパートリー・グリッドが考案され，その後改良され今に至っている．

　現代のパーソナル・コンストラクト心理療法の担い手の一人であるニーマイヤー（Neimeyer, 1995）によれば，パーソナル・コンストラクト理論の特性としてもっともよく知られているのは，構成に関する双極性，つまり二極性の性質を重視する点である．あらゆる言明には，同時にその否定形が暗示されていると考える．人間の構成は，究極的には差異をもたらすものである．経験を主観的に分類し，選択を行い，行動を制御する二項対立の装置として機能すると考えられる．こうした仮説は，認知科学の手続きを用いた数多くの研究において実証されている．

　こうした背景ゆえ，レパートリー・グリッドを用いた Rep-Test においても二極性をなすコンストラクトが用いられる．これは，協力者に二項対立やそこからもたらされる差異を意識させることになり，内省や意識化を早い段階で促進する可能性がある．これは優れた手法であるとともに，反応の形をある程度規定する側面がある．これに対し，PAC 分析では自由連想から行われるため，協力者にとって表現の自由度が高く，それが分析結果においても反映されると考えうる．

　このような特徴を含めて検討すると，同様に個人の独自な意味構造を分析するものであるが，以下の点が PAC 分析と異なっていると考えられる．

　① 分析する対象の範囲が，Rep-Test では対人認知であることが多い．一方PAC 分析では態度対象となりうるあらゆる対象に適用できる．

　② Rep-Test では，対象の認知に差異を生じる特徴（コンストラクト）によって次元を抽出する．すなわち，ある個人が対象を認知するには，対象が何であっても，同一の次元構造によって認知しているということを前提としている．これに対し，PAC 分析ではすべての連想項目によって構造をとらえるため，差異によるコンストラクトのような，対象をとらえる際の同一の次元構造を仮定していない．こうしたことから，Rep-Test と PAC 分析では，構造をどのよ

うにとらえるかについての考え方が異なると言えるだろう.

③ どちらも個人独自の対象や反応（連想）を用いる点は共通しているが,
Rep-Test では, 文章で表現させないのが通常である. 一方 PAC 分析は図形な
どを用いることもできる. さらに, Rep-Test ではコンストラクトで対極の設
定を必要とするのに対し, PAC 分析ではこのような制約がないという点で,
より表現形態が自由であるといえる.

④ 結果の解釈に関しては, Rep-Test では研究者のみが行うのに対して,
PAC 分析では協力者の解釈を踏まえることが重要な役割を果たすことが多い.
樹形図に表れた態度構造は無意識の部分を包含している. これについて, 実験
者による解釈だけでなく, 協力者自身の解釈を聞くことができる.

　この点において, PAC 分析では協力者の主観的な体験を, より協力者の視
点から細やかに描き出すことができると考えられる. これは**表 3 - 2** で, カウ
ンセリング過程内で生じる個の主観的世界を客観的に記述・記録する「記述記
録機能」としても示されており, この機能を PAC 分析はそのプロセスの中に
備えている.

3-4-3. SD 法, Rep-Test と PAC 分析との相違点についてのまとめ

　以上の検討より, まず第一に, 認知次元やその構造についてのとらえ方に関
して, PAC 分析は協力者間あるいは協力者内に共通する次元を想定しておら
ず, その個人に固有の, 対象ごとのイメージを扱うことができる点が特徴的で
ある. また表現形式や, 評価尺度の設定においても, より柔軟で選択肢の幅が
広い. また手順において, 無意識の領域も含めて協力者自身の解釈を多く取り
入れている.

　こうした点から PAC 分析では, 個別の事例において, できるだけ協力者個
人が体験している世界観を, 無意識の領域も含めて, 協力者の意識の中で統合
された語りに即して描き出す点において, より適していると考えられる.

　よって, **表 2 - 4** に示された「心理療法の成果研究における課題点（複雑性と

いう観点から）」の，① 心理療法の複雑な影響についての査定，② クライエント
の生活や人生の文脈における心理療法の意味の探求，③「クライエント固有の
視点の尊重」において，より適していると考えられる．また，「世界への認識
と関わり」を対象にする際にも同様である．

◉ 3-5 PAC分析を事前・事後テストとして用いた研究

　これまで PAC分析を心理療法の成果研究に用いる際に有利な点について考
察してきた．先述のように，PAC分析の評価査定機能に焦点を当てて事前事
後テストとして使用することにより，表2-6の②「比較可能性」や④「記憶
によらないデータ収集」に効果的に対処できることが示された．そこで以下で
は実際の事例でどのように活かされているかについて，事前・事後テストとし
て用いた先行研究のレビューから検討する．

3-5-1. 心理的支援における変化

　心理療法による変化の査定に PAC分析を用いたものとして，井上（1997）
の異文化カウンセリングの研究がある．ここでは，クライエントの留学生の留
学生活のイメージが，カウンセリングを通じてどのように変化するかを明らか
にするために，カウンセリングの第11回目と最後のセッションで PAC分析を
行い，比較している．

　それによると，第1回の PAC分析では，マイナスの項目も見られ，文化的
適応を目指しながらも，自己と日本社会との関係がうまく行っていない状態に
あり，日本人との違和感を感じ，異邦人意識が高まっていることがわかる．協
力者の態度構造は，留学当初の「統合」を目指していた状態から変化し，日本
社会との差異を感じ乖離意識が生じ始めて「分化」へのプロセスを示している
といえよう．それに対して第2回では，すべての項目がプラスか中立（0）と
なり，人間関係と自己の成長の2つのクラスターが結びつき，再び「統合」へ

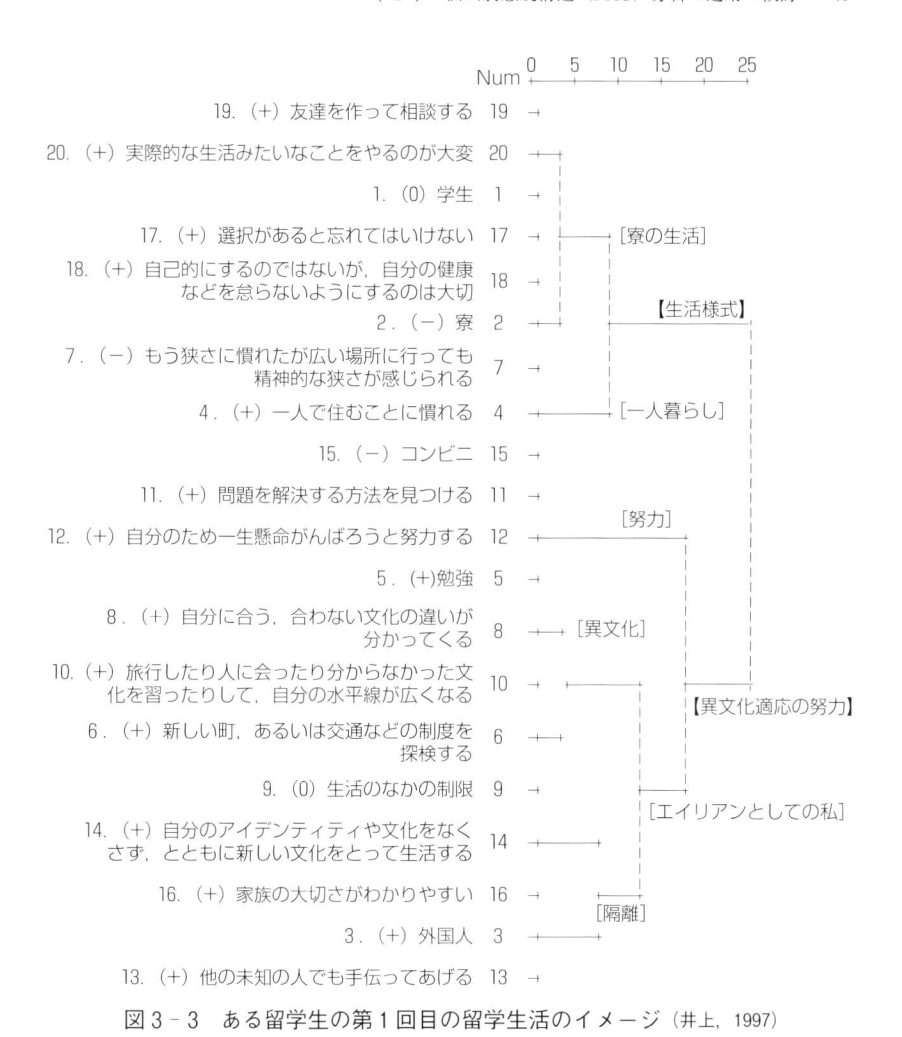

図 3 - 3　ある留学生の第 1 回目の留学生活のイメージ（井上, 1997）

と移行していることが見出されている.

　図 3 - 3, 3 - 4 において, それぞれの連想項目（左側の短文或いは単語群）は, きわめて個人的なクライエントの体験を表している. 中には, 図 3 - 3 の「コンビニ」など, 一見しただけでは留学生活との関連がわかりにくいものもある. 実施手順において, クラスターの併合理由や他のクラスターとの違い, 個々の

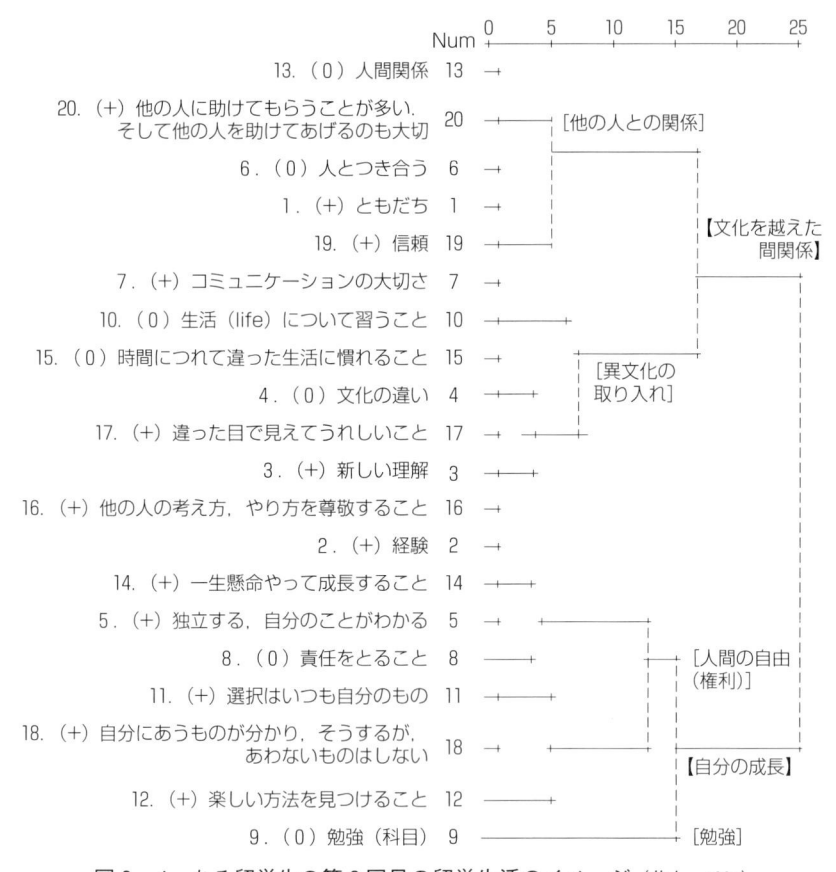

図3‑4　ある留学生の第2回目の留学生活のイメージ（井上，1997）

連想項目の意味，そのプラスマイナスイメージについてたずねるプロセスが組み込まれているため，クライエントの答えから，その人に固有の留学生生活の意味が浮き彫りになっていく．通常のインタビューと比較すると，さまざまな切り口があるために複雑な内容を描きだせる点において優れていることがわかる．これは，**表2‑4**の①「心理療法の複雑な影響についての査定」と，③「クライエントの固有の視点の尊重」に対応するものといえる．また，「分化」「統合」などの留学生活における態度が，クラスターのイメージから明らかに

なることによって，このクライエントの生活の文脈が「分化」から「統合」へと変化したことがわかる．これは表 2 - 1 の②「生活や人生の文脈」の変化が描き出されているといえ，こうした「クライエントの生活や人生の文脈における心理療法の意味の探求」が，クラスターという鮮明で凝縮された形で提示できるという特徴が，活かされている．

　また，表 2 - 6 に示された「質的研究を行う際の留意点」についてみると，②「比較可能性」については，先述のように出現するクラスターの内容や，プラスマイナスの個数を比較することが容易であり，比較の指標が提示されていると言える．①の「他の研究との共有可能性」については，PAC 分析を用いていない研究との間では課題が残るが，用いた研究同士であれば，同じように共有できる点を見出すことが，他の質的研究に比べて可能であると考えられる．

　以上，井上（1997）を例として，PAC 分析を事前事後テストとして心理療法の成果の質的研究に用いた場合，表 2 - 1 の「心理療法のエビデンス研究における質的研究のメリット」の検討や，表 2 - 6 の「質的研究を行う際の留意点」において，適していることが示された．

　また青木（2008）では，連想項目やクラスターの関係からスクリプトを形成し，3-3-3. 項で述べた「世界への認識と関わり」について検討している．第 1 章で述べたように，個人は自分を取り巻く世界をその人固有のやりかたで認識し，関わっている．このとき個人は認識の主体，関わりの主体である．この研究では主体による認識と関わりとの関係を，個人内相互作用と個人間相互作用という面からとらえている．ここで個人内相互作用とは，個人の内面の認識と感情，思考の連鎖のことである．これに対し個人間相互作用は，個人と個人・個人と社会の間の関わりである．個人内相互作用と個人間相互作用とは，互いに分かちがたく結びついており，個人の世界観，すなわち世界への関わりと認識の一部である．この事例は，職場の苦手な人についての相談で，3 回の面接の事前事後テストに PAC 分析を用いている．1 回目（図 3 - 5）では連想項目間の関係から，「苦手な人の行動が目について，否定的な感情が喚起され

る」動きが見られた．ここには相手の行動を認識したことによる感情の喚起という個人内相互作用が表れている．これに対し2回目（図3-6）では，やはり連想項目間の関係から，「相手の行動に左右されず，自身の心の内面に目を向け，他者に惑わされずバランスを保つ」状態へと変化していることが示されている．個人間相互作用の比重が減り，代わりに個人内相互作用を重視した状態といえる．そして事後 PAC 分析後の感想で，「バランスの維持に自分自身が主体的に関与したい」と語っていることから，主体性の動きの変化も表れている．

　このスクリプトは，**表2-4**「心理療法の成果研究における課題点（複雑性という観点から）」の①「心理療法の複雑な影響についての査定」に関して，個人内相互作用の細やかなプロセスを描き出すことを可能にしている．**図3-5**の連想項目「不快」や**図3-6**の「楽しい」がそれぞれの時点での基本的な気分を表しており，階層構造が文脈を示している．これは**表2-4**の②「クライエントの生活や人生の文脈における心理療法の意味の探求」へとつながる可能性を包含している．

　よって青木（2008）においても井上（1997）と同様の効果が示されたといえよう．

　以下，同様に心理的支援において複数回用いた研究について，**表2-4**に関連してどのような点が明らかにされたかを，簡潔に示す．

　矢野（1999）は，不妊相談に PAC 分析を導入し，カウンセリングへの PAC 分析活用の効果を検証している．事前・事後ではなく4回のカウンセリングの一部として PAC 分析が取り入れられている．これは PAC 分析のカウンセリング導入によって**表3-2**に示す機能が期待されるためと考えられる．各時点での PAC 分析の結果を比較することで，相談の進行にともなう相談者の態度の変化を見ることができる．初回は流産の悲嘆のプロセスの状態，2回目には検査を受けて今後の治療法について検討する状態，3回目には，夫との関係や将来計画を視野に入れた状態，そして最終回の4回目には，職場や対外的なこ

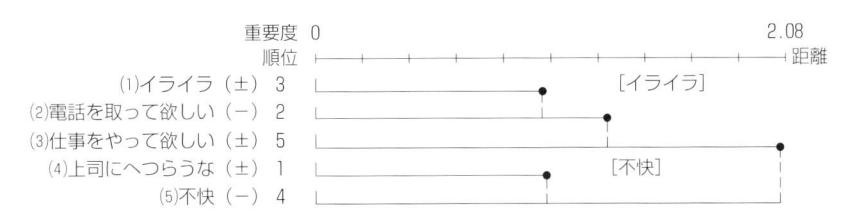

図 3 - 5　職場の苦手な人のイメージの事前 PAC 分析（青木，2008a）

注：左のカッコ内は連想順位

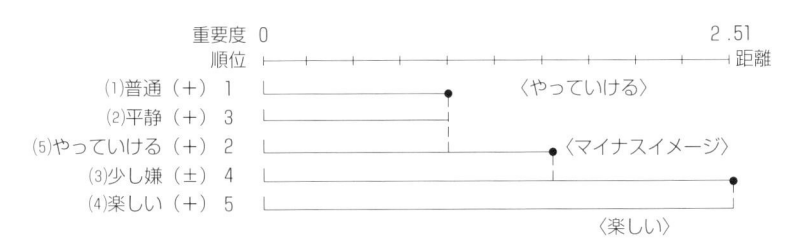

図 3 - 6　職場の苦手な人のイメージの事後 PAC 分析（青木，2008a）

とも含めて考えている状態が表れている．相談の進行に伴う相談者の継時的な変化が構造的・図式的に示され，階層構造から相談者のストーリーの人生の文脈の変容をとらえることが可能になっている．

　松崎（1997），松崎・田中（1998）は不登校など心理的な問題を抱えた子どものための合宿で，参加した子ども自身や母親から見た子ども，あるいはスタッフの自己イメージの変化を PAC 分析でとらえることを試みている．ある一人の母親から見た子どものイメージについての分析では，合宿前には子どもが自分の存在感を感じられずに母親にしがみつき，問題に対処できずに母親を巻き込みながらも，気持ちをわかってもらえない状態であったことが伺える．それが合宿後には，背伸びせずに等身大で生活して主体性を獲得し，母親もそれに自然に応じられている様子が示されている．また合宿の前後で，プラスイメージが増加しマイナスイメージが減少していることからも，母親は事態が改善したと受け取っていることがわかる．これは母親から見た「問題を抱えた子ど

も」の変化であり，母親の生活の中での心配ごとの変化といえる．母親にとっての生活や人生の文脈の変化が描き出されているといえよう．

　以上の検討から，心理的支援を通じての変化では，クライエントの現在の生活や自分自身へのとらえ方などを含めて，生活や人生の文脈の変化がとらえられていることがわかる．表2-4①「心理療法の複雑な影響についての査定」，②「クライエントの生活や人生の文脈における心理療法の意味の探求」，③「クライエントの固有の視点の尊重」が描き出されているといえよう．そしてまたこれは，「世界への認識と関わり」の変化の描写にもなっている．

3-5-2. 教育場面における変化

　教育場面では，主に学習者および教師の認知的な枠組みの変化が取り上げられている．まず学習者の変化に関する研究を取り上げる．安ら（1995）は，韓国人日本語学習者の授業観について，学ぶ主体としての学習者が認識する教授・学習過程をPAC分析を用いて検討している．成績上位者2名と成績下位者2名に対し，研修開始1週目と5週間の研修終了後の2回に授業のイメージについてのPAC分析を行っている．

　その結果，まず成績上位者・下位者に共通して前後で連想項目数が減っていることから，授業後では授業をとらえる準拠枠が整理されていることがわかった．一方，成績上位者・下位者で差異が見られる点もあった．その1つとして，上位者では開始時には学習者としての視点から授業をとらえていたが，終了直後には，学習者と教師との相互作用として授業を認識する準拠枠に変化している点が挙げられる．一方下位者においては，授業開始当初は，教師に対して過度の期待をし，その裏返しとして授業を理解できないのは主に教師の責任であるとして批判するといった依存的な態度が，2名に共通して見られた．しかしその後の経過は異なり，一人の下位者は授業に対する批判的な態度には変化は見られなかったが，授業のイメージが一般的なものから研修での経験に基づいたものに変化し，依存的な態度も見られなくなっていた．一方もう一人の下位

者では，教師への態度に大きな変化は見られなかった．これらの結果から下位者では依存的な態度が見られる可能性が，上位者では教師との相互作用が行われやすい可能性が示され，授業計画にいくつかの示唆が得られている．

友生は教師としての立場から，児童の自己概念と学級適応との関係について一連の研究を行っている．友生・今林（2001）は，自己概念に他者との比較による自己査定が加わり始める児童期中期において，児童が友人関係をどのようにとらえているのかを知ることを目的として，一学期終了時点（7月）と学年終了時点（3月）の2回のPAC分析を行い，比較検討している．協力者は4年生の女児1名で，どちらかというと友人を作るのがあまり得意ではない．実験者である担任教師はさまざまな教育活動を通してこの女児が学級になじめるように働きかけており，2回のPAC分析にはその働きかけによる差異が表れていると考えられる．結果，いずれも3つのクラスターを析出し，各クラスターが友達との関係のタイプを示していた．その比較から，2つの時点で友達との関係が変化していることが理解される．

友生・今林（2002）ではさらに，同一の協力者が5学年に進級してからのPAC分析を9月，3月の2回について報告している．それによると，4年生のときから仲のよい核となる友達を中心として，友人関係がクラスメート全体や，男子にも広がっていることがわかる．そして，9月には自分の感情を表現できる関係，3月には相手のネガティブな面にも目を向け統合することができる関係へと発展していることが明らかになった．この結果から，クラス編成が児童個人の内面に及ぼす影響について考察し，学級指導への示唆を行っている（友生，2002）．友生の一連の研究では，友達との関係についてのイメージが各クラスターに表れており，それを時系列で比較している．そこから友達との関係が児童の生活の文脈において重要であることや，教師からの働きかけが奏功し成長が見られる様子が描き出されている．

次に，教師の変化に関する研究について述べる．藤井（2004）は，養護学校新任教師への自己研修法の一環としてPAC分析を用いている．協力者は20代

の女性であり，指導に困難を感じていた子ども（Aさん）とのよりよい関わりについて検討するため，執筆者である藤井に相談し，指導助言をうけている．このプロセスはコンサルテーションとよばれる．2学期開始時と3学期終了時の2回，PAC分析を行い，その結果を比較している．2度のPAC分析の結果の間には「児童の実態把握」という点でクラスター間に差異がみられた．その差異は，協力者が受けたコンサルテーションの影響の効果を知る上でも重要である．

　藤井（2004）は教師による「児童の実態把握」を，授業そのものの成否を規定する重要なものであり，初心者がその方法を明確に知ることにより不安が低減されるとしている．この事例では2回のPAC分析の比較から，養護教諭の児童の実態把握の枠組みが，より子どもに沿ったものへと変化したことが示されている．つまり**表3‐2**に示したPAC分析の評価査定機能により，コンサルテーションの効果が明らかにされたといえる．また協力者である教師がそのことに対して自覚的になっていることを指摘し，そのような自己評価の方法として PAC分析が機能したと述べている．この点は**表3‐2**の PAC分析自体のカウンセリング的機能の影響と考えられる．

　「児童の実態把握」という教師に重要な資質は，日々の教育活動の文脈として機能し，大きな影響を与えている．ここではその枠組みの変化が描き出されているとともに，そのことへの自覚が促進されることで，より円滑な教育活動が営まれ，コンサルテーションが相談者の教育活動の文脈に影響したといえる．

　以上の考察から，教育場面での変化は主に，教育的関わりの影響を受けての教師や学習者のとらえ方の認知的枠組みの変化が描き出されていると言えよう．また PAC分析自体のカウンセリング的効果も論じられている点は，Rep-testの1つである教師用 RCRT（近藤，1995）の運用に類似している．いわば，対象をとらえる，あるいは変化させる，といった積極的な機能に重心が置かれている．この点で，周囲との相互作用や文脈に対する査定に重点が置かれる心理的支援を通じての変化と異なっている．教育と心理的支援それぞれの実践におけ

る文脈の違いが表れていると言えるかもしれない．

3-5-3.　その他の変化

心理的支援や教育といった領域以外でも，人生の節目となる経験を通じての変化を描いたものもある．たとえば郷式（2003）は出産という経験を通じての母親の変化，内藤（1993）は就職活動という経験を通じての就活生の変化を扱っている．

郷式（2003）は，母親は生来的に母性を備えているわけではなく，妊娠・出産・育児という過程において発達する存在であると考え，三名の協力者に出産の前後で PAC 分析を行い，赤ちゃんに対するイメージや母親自身のことがどれくらいの重みや構造を持っているかを比較検討している．結果，3 事例に共通して，樹形図の構造から，「出産前から持っている，『可愛い』というイメージを保ちながら，自分の体験や観察にあわせて修正して行っていること」「出産前後に共通して，肯定的要素と不安という 2 部に分かれるが，全体を肯定的イメージでバランスをとろうとしていること」という出産前後の変化や共通項を見出している．つまりこの研究では樹形図のクラスターの変化から，イメージの構造の変化をとらえている．異なる協力者間で共通した変化の要素をクラスターとして見出せることが，表 2-6①「共有可能性」につながっている．

内藤（1993a）は，学部 4 年生の男女 5 人の協力者に対し，就職活動の前後にあたる年度当初（4，5 月）と年度末（2，3 月）の 2 回に職業や就職のイメージについての PAC 分析を行っている．協力者ごとに 2 時点の比較から態度の変化を考察し，態度の構成要素と構造それぞれにおいて，各人に固有の変化がみられることを示している．

各協力者の変化を簡略に記す．女子Aでは，第 1 回では就職活動や職業についてのイメージの各側面が構造化されていたのに対し，第 2 回では就職によるプラスとマイナスの各側面が明瞭に構造化・意識化されている．女子Bにおいては，第 1 回では就職情報からの情報と自身が直面したイメージとが構造化さ

れていたが，第 2 回では就職直前の期待と不安，現実の厳しさの予測による構造へと変化している．男子 C では，第 1 回では就職によって大人になるという面と，マイナス面の覚悟という 2 つの部分から構成され，第 2 回では身近に迫った時点からもっとも遠い研修まで，時間順に構造化されている．男子 D では，第 1 回では就職で配慮すべき点と具体的な活動に際して起きそうなことの 2 つのイメージで構成され，第 2 回では，会社での研修や周りの人のお祝いなどで，企業の一員としての実感を得ていることが現れている．また大学院進学希望者である男子 E では，第 1 回では同級生の様子などから不安を覚えながらも，就職に対してのイメージはかなり貧弱であるのに対し，第 2 回では，研究者としての将来に決意と不安を覚えている様子が描き出されている．

　これらの差異には，協力者一人ひとりの就職活動のストーリーが表れており，就活を通じてどのような体験をしたのか，その体験がどのような意味をもつのかが明らかにされている．そして人生という大きな文脈における就職活動の意味について，人それぞれに描き出されている．たとえば A では多面的なとらえ方，B では現実との対峙，C では見通しをもつこと，D では社会の一員としての自覚，そして E は将来への決意，といったテーマが，大きな節目を乗り越える際に生起したことがわかる．

　「出産や就職活動がどのような体験であったか」について PAC 分析を用いて尋ねることもできるが，上記 2 つの研究では，それらの体験の前後でどのような体験をしているかについて比較して分析している．その意図は，節目となる重大な体験を経ることによる変化を，より鮮明に描き出すことにあるだろう．実際，結果として，態度の次元構造そのものが変化している様子が見られる．同時に次元構造がクラスターの構造として保持されている場合も見受けられる．このような点を明らかにできるのは，次元構造に関して柔軟に対応できる PAC 分析の特徴によるものといえるだろう．この特徴ゆえに，郷式 (2003) のようにその共通点を探ったり，内藤 (1993a) のように各人から見た人生の文脈における変化を明らかにすることが可能となる．

◉3-6　PAC 分析を用いる際の留意点

　なお，心理療法の事前事後テストとして PAC 分析を用いる際には，留意すべき点もある．まず，精神疾患を持つ者を PAC 分析の適用対象とすることには，慎重であるべきである．なぜなら第一に，PAC 分析は実施の手順が複雑で，理解にそれ相応の資質が必要であり，また協力者に負担もかかるからである．そして第二に，自由連想を行ったり，無意識も含めた態度構造を視覚化して協力者に解釈させたりする点で，侵襲性がないとはいえないからである．

　また，表3-2で示したように，PAC 分析には，明確化機能や自己理解促進機能があり，それ自体に心理療法的な機能がある．それゆえ，結果の解釈には，それを包含した検討が必要となるであろう．

◉3-7　PAC 分析と他の手法との比較から明らかになったこと

　以上みてきたように，PAC 分析を事前事後テストとして用いた場合，表2-4の①「心理療法の複雑な影響についての査定」②「クライエントの生活や人生の文脈における心理療法の意味の探求」③「クライエント固有の視点の尊重」において，個々の連想項目からクラスターまでさまざまなレベルでの分析が，実験者と協力者の両方の視点からの複眼視によって検討できること，無意識のレベルまで含みこんだ相互作用の分析を行うことが可能であり，さらに協力者自身が無意識のレベルの解釈をも行うことによってより深く固有の視点を描き出せること，などの優れた点が示された．また，本書における分析の切り口である「世界への認識と関わり」を描き出せる点も同様である．そのため，通常のインタビューや SD 法，Rep-Test と比較した場合，本書の目的により適していることが示された．またこれらの点は，特に心理的支援に関する研究において顕著であった．また表2-6①「共有可能性」においては課題が残る

が，②「比較可能性」③「実験者と協力者の視点の切り分けと統合」④「記憶によらないデータ収集」においては，数値的な指標や統計的な手法を用いたり，実験者と協力者の視点の切り分けを行う点が，通常のインタビューと比べ，優れていることが示唆された．これらの利点は，PAC 分析の実施手順および表3-2で示された機能，そして結果として得られる樹形図のクラスターなど，PAC 分析が独自に備えている特徴により得られるものであった．

　また，他の単一事例分析法として，3-4. で SD 法および Rep-Test をとりあげ，比較検討を行った．その結果，さまざまな人物や事象に共通する次元を仮定しないという PAC 分析の特徴が明らかになり，クライエントの主観的な世界観の描写に適していることが示された．

　そして留意点としては，PAC 分析の侵襲性への配慮や，それ自体心理療法的機能を持つことがうかびあがった．調査計画の立案や結果の解釈には，これらの点を考慮する必要があるといえよう．

　以上の検討より，この研究で PAC 分析を心理療法の成果研究の事前事後テストとして用いることは適切であると結論する．次章では，事前事後テストとして用いるための，比較の指標について考察する．

第4章　PAC分析を事前事後テストに用いる際の比較のポイント

●4-1　目　的

　前章までの検討から，PAC分析は，心理療法による改善がもつ意味をクライエント固有の主観的な視点から検討するうえで，優れていることが明らかになった．それを踏まえて本章では，事前事後テストとしてPAC分析を用いる場合の，比較のための具体的な視点を整理する．PAC分析の評価査定機能を活用し，表2-6の②「比較可能性」を具体的に実現するために，事前事後という2時点で態度構造を比較する際の視点について整理を行う．

●4-2　これまで行われてきた研究

　まず，PAC分析を事前事後テストとして用いた先行研究において，描き出された変化がどのようなものであるかを概観し，続いて比較のための指標についてまとめる．

　CiNiiデータベースにおいて「PAC分析」「態度構造」をキーワードとして検索し，次にその中から1人の協力者に対して2つ以上の時点でPAC分析を行っているものを選択した．さらにデータベース上にないものも参考文献等から探し出して加え，最終的に20の文献を得た．

　また，各論文において「被験者」「実験協力者」など，調査の対象となる人を表す表記は異なるが，本章ではこれを一括して「協力者」と表記すること

した.

4-2-1. 連想項目

（1）連想項目の示すもの

　一人の協力者に複数回のPAC分析を行うと，連想項目が変わることがほとんどであり，むしろ同じ項目が現れることは珍しい．よってまず，項目の内容そのものの変化を検討する必要がある．たとえば，第5章で検討する協力者A（図5-1，図5-2）（青木，2007）についてみると，試行面接前には項目の中にみられる動詞が「返し忘れる」「約束しない」など消極的・否定的なもののみであったが，面接後には「流れる」「考える」「行動する」など積極的・動的なものへと変化している．実際に，行動面での変化が見られたケースであったが，その様子が連想項目の変化にも表れている．また，事前では連想項目が全体的に具体的な困りごとを示し，それが散在している印象であったが，事後では連想項目の抽象度が上っていることから，以前より距離を置いてとらえていることが理解される．

　また同じ連想項目が表れた場合は，同じ言葉が異なる意味合いやプラスマイナスイメージを持っている場合が多く，比較対象により多くの情報が得られる．上述の第5章の事例Aでは，問題となっていた「面倒」という連想項目が，事後テストでは「めんどう」とひらがな表記に変化している．ちなみに，重要度順位も10項目中4番目から7項目中7番目へと順位が下がっている．これらのことからあまり気にならなくなっている様子が表れているが，その理由についてのインタビューでも「距離は遠く，やわらかくなった」と説明され，変化が裏づけられている．

　同様に八若（2007）の日本語学習者を対象とした調査で，協力者Bでは，事前事後両方に「漢字」という項目が表れている．インタビューの中では，協力者にとって「漢字」が，最初はなかなか習得できないものであったが，1年後には「勉強によって解決できる」と前向きに変わったことが語られている．こ

のように，同じ単語でもその意味が変化することが見出される．その変化の意味を読み取るには，表記やコンテクストの説明に関心を向けることが重要である．

（2）連想項目同士のつながり

　連想項目同士のつながりにも変化が見られる．八若（2007）の韓国人留学生の日本語学習に関する研究では，同じ「漢字」が日本語授業の事前と事後で表れても，事前では「漢字は難しい」「漢字は読むことより書くことが大変」であったが，それが事後では「漢字」に変化している．そして事前ではそれと結びつく項目が「本を読むとき難しい」「西洋の映画を見るとき，大変だと感じる」など，具体的な困難場面であるが，それが事後では異なってきており，「新聞」「日本語能力試験」などへと変化している．このことから，困難という感情に意識が向いていた状態から，どの場面で使用するかという運用面に意識が向いてきた状態へと変わってきていることがわかる．協力者にとって漢字の占める位置や，その意味合いが変わっていることがうかがえる．

（3）連想項目数

　PAC分析にかかわらず一般的に，連想刺激に対する反応としての連想項目の数が意味するものは多様である．PAC分析への動機づけが低かったり，連想の対象に対する興味が薄かったり，或いは，あまり気にかけなくなっている，といった場合には連想項目数が少なくなる傾向がある．逆に多い場合は，取り組みが熱心であったりイメージが豊富な場合もあれば，とらわれが強い場合，散漫でまとまらない場合も見られる．一例として先述の第5章の協力者A（青木，2007）では，最初の問題にとらわれている状態では困ったことの羅列になり連想項目数が多くまとまらない印象であったが，2回目に問題が気にならなくなると，抽象度が上がるとともにその数も減っている．一方友生・今林（2001）では，小学生の友人関係に関する調査で，9月時点では連想項目数が5であったが，同じ年度の3月には10に増えており，当該児童の様子やその項目の内容から，3月のほうが友人関係が豊かになっていることを示している．こ

の場合は，連想項目数の増加が，イメージの豊かさを表しているといえる．このように，連想項目数の変化により，協力者の動機づけ，連想の対象への距離感やとらわれの一端をうかがい知ることができる．どのような意味を持つのかについては，協力者の語りや実生活での状態から，コンテクストを知ることが大切である．

（4）連想項目のプラスマイナスイメージ

　松崎（1997），松崎・田中（1998）は不登校児を対象とした合宿の前後の比較を行っているが，その際にプラスのイメージが増え，マイナスのイメージが減ることを見出している．井上（1997）でもカウンセリング終結時に以前の否定的なイメージがないことが見出されている．また今野・池島（2007）のピア・サポート活動の研究では，連想項目だけでなくクラスターについてもイメージ評定を行ったところ，マイナスが減りプラスが多くなっていることが報告されている．これはやはり，協力者のとらえかたが変化し，「よくなった」と感じられていることを示しているといえよう．このように第三者ではなく協力者自身にとって良いものか悪いものかという評価である点，その評価の基準を個別に示すことができる点が，PAC分析の特徴でもある．このような変化は，PAC分析を複数回用いた他の研究においても数多く見られる．

（5）連想項目の重要度順位

　連想項目の重要度順位も，大切な指標となる．同じ項目が事前事後で現れても，その重要順位が大きく異なることがある．前出の第5章の協力者Aは，同じ「面倒」という語が，事前PAC分析では10項目中4番目であったが，事後では「めんどう」と表記がかわり，7項目中7番目へと順位が下がり，あまり気にならなくなっている様子が表れている．

　また矢野（1999）は，重要度順位の高い項目のプラスマイナスイメージや内容を比較することにより，協力者にとって中核となるイメージがどのように変化しているかを描き出している．

4-2-2. クラスターの構造

（1）クラスターごとの比較

友生・今林（2001；2002），友生（2002）では，子どもが友人関係をどのように
とらえているかについて，小学校4年生の女児にPAC分析を行ったところ，
各クラスターが友達との関係のタイプと対応していた．そして，9月の時点で
は3つのクラスターがそれぞれ「自分のさびしさを和らげてくれた友達」「自
分のよき理解者であった2人の友達」「現在の自分を支えている友達」のイメ
ージに対応していたが，3月には「自分を支えてくれている友達」「自分を温
かく励ましてくれたクラス全員の女子」「自分を積極的にしてくれる友達」を
あらわす3つのクラスターが現れる状態へと変化している．3月から9月に至
る間に友達が増え，さらにその関係の質も変化していることが読み取れる．こ
のように，各クラスターが同一レベルに属するカテゴリーを形成していること
もあり，そこから協力者が対象をどのようにカテゴライズしているかについて
の内容の変化を知ることができる．

八若（2007）の韓国人留学生の日本語学習の調査においては，協力者Bで，
1年次終了時点のクラスターが「会話」「聞き取り」「読み書き」の3つであっ
たが，それと2年次終了時点での3つのクラスター「社会的側面」「趣味関連」
「学術的側面」とそれぞれ対応している．

一方，青木（2003）は教師コンサルテーションの事例において，子どもに対
するイメージがコンサルテーションにおいて「自分の感情」「相手への感情」
「教師としての自分の立場」というヒエラルキー構造を示すこと，さらに対応
する各層のイメージがコンサルテーションの前後でネガティブからポジティブ
に変化していることを示した．このように各クラスター間の関係が同一レベル
ではなくヒエラルキーを維持しながら変化する場合もある．なおこの研究は，
事後の想起であるために厳密には事前・事後テストではないが，協力者が世界
を階層構造でとらえていることや，その内容の変化を知ることができる．

クラスターごとの比較が可能な場合は，カテゴライズするレベルが変わらな

いということも表しているといえよう.

（2）クラスター構造，クラスター同士の関係

　クラスター構造の変化は，前節のクラスターごとの比較が可能な場合と比べると，カテゴライズの仕方やヒエラルキー化の仕方そのものが変化しているといえ，その意味でより大きな変化といえるかもしれない．現れるクラスターそのものが変化することは，対象のどこに関心を向けてとらえているかが変化していることを示している．内藤（1993b）は，「解釈内容は，潜在的に存在する多くの事実の中で，どの側面に視線が注がれ，何を事実として体験するかという，協力者自身の体験様式そのものを示している」と指摘している．

　たとえば，内藤（1993a）による就職活動への態度変容に関する研究では，大学4年生の年度はじめと年度終わりの2回，PAC分析を行っている．それによると，就職活動を通じて，あるいは実際に就職が近づくことにより，クラスターの構造やその関係が変化することが示されている．5名の協力者に共通しているのは，最初はイメージとして描く就職や，現在の学生生活の中での就活の大変さであり，やがてそれが現実に将来に向かっての準備状態や不安・覚悟・期待へと変化する点である．しかしどのような変化が生まれるかは一人ひとり違っている．

　その中で女子Aは，年度初めには「就職活動への興味」「唐突な感じの就職活動開始」「現実の活動家らの体験」という就職活動の各局面がクラスターに対応して構造化された状態であったが，年度末には就職のイメージのプラスマイナスそれぞれの側面が2つのクラスターに集まり，プラスの面とマイナスの面が構造化され明確化されていることがわかる．このように，協力者の視点が整理されるとともに，クラスターの構造や内部の項目が整理されることもある．

　一方男子Cでは，年度当初は，「就職により大人になる」ことと「マイナスの覚悟」がクラスターとして構造化されていたが，年度末には「目先のこと」「これからすぐのこと」「少し遠い先」と，現在から将来に向かって時間的な展望が構造化されている．見知らぬ社会に不安を抱きながらも，しなければなら

ないことをこなしていく堅実で慎重な態度が構造に現れている．男子 D は，就活に対する具体的な対処法が各クラスターに表れている状態から，社会の一員としてのさまざまな局面が構造化される状態へと変化している．

　以上の内藤（1993a）での結果は，就職活動のどの側面に視線が注がれ，何を事実として体験するか，ということについての一人ひとりに固有の変化が表れているといえよう．

　郷式（2003）は，3 名の母親を対象として出産前から赤ちゃんのイメージについての PAC 分析を行い，その樹形図の構造の変化に注目している．そこでは，母親が出産前から出産後にかけて現実的な適応をし，出産後の赤ちゃんへのイメージにおいてもプラスマイナスのバランスをとろうとしている点で，共通した傾向が見られている．一方その一人ひとりがユニークなイメージ構造を持ち，適応のしかたやバランスの取り方も人それぞれである傾向も見出されている．

　新舘・松崎（2006）では，中学 1 年生の副担任となった一人の新任教師に対して 1 年に 4 回の追跡的調査を行っているが，その時期ごとの生徒や教師との関係のイメージの変化がクラスターやそのつながりの変化に表れている．1 学期終了時には「教師と生徒との友達関係」「教師の指導的役割への問題意識」「子ども感・教育観のズレに対する困惑」「学校の多忙化への批判」という 4 つのクラスターが現れ，生徒との関係を教職の重要な課題ととらえつつ，他の先生方とのずれなどから違和感も感じている様子が見られる．3 学期終了時には，「生徒との人間関係における課題意識」「悲しい現実との向き合い」「生徒の自立性の尊重」の 3 つのクラスターへと変化し，生徒との適切な距離感を図りつつ，教職の厳しい現実と向き合う一方で，生徒それぞれの自立を支援していくことへの希望を見出す様子が表れている．

　以上のことから，就職や出産，留学や指導経験を経るというコンテクストの変化に伴い，問題となる側面や，自身の内面で意識される面が変化しているといえる．半原（2008）は，重要項目が多く含まれる重要なクラスターが変化す

ることで，その人にとってもっとも関心が向いている領域が変化していること
がわかると述べている．

4-2-3.　全体としての態度構造

　全体としての態度構造の変化が現れることもある．それは安ら（1995）や藤
井（2004）が述べるように，その人の準拠枠の変化を表していると考えること
もできる．これは認知的な側面であるが，心理療法や人生における重大な出来
事の体験などの場合は，さらに感情や，価値感，社会への態度なども含んだ変
化となることがあろう．

　すでに述べたように八若（2007）の韓国人留学生の日本語学習の調査におい
て，協力者Bでは，1年次終了時点のクラスター「会話」「聞き取り」「読み書
き」と2年次終了時点でのクラスターが「社会的側面」「趣味関連」「学術的側
面」とそれぞれ対応しながら，その内容が変化している．これは，2つの時点
で問題が日本語の「理解」から「運用」へと移るに伴い，日本語学習が意識さ
れる状況も変化しているためであり，クラスターの命名にもそれが表れている
といえよう．

　また同じく前出の井上（1997）による留学生の文化的受容態度の変化の検討
では，クライエントの態度構造が，留学生活・経験およびカウンセリングを通
じて，「分離」から「統合」へと変化している．これは，クライエントの価値
観レベルの深い変化が起こっていることを示している．

　矢野（1999）は不妊相談の4回の面接で毎回PAC分析を用い，相談の進行
にともなう協力者の態度の変化を描き出している．そこには，人生観・宗教
観・人間観に根差した，深い悩みの変化が描き出されている．このようにクラ
イエントの意識レベルには現れないものも扱える可能性を井上（1998）が指摘
している．

　堀内ら（2006）は，3名の看護大学生の「死に対する態度構造」が実習を通
じて変化することを見出している．実習前には，死に対して美化したり，逆に

不安や恐れから抽象的にとらえる態度が見られた．それが卒業時には，死を現実のものと認識し，受け止めつつある傾向がみられるが，担当患者の死を経験した場合と異なり，自分自身の死については連想項目や樹形図には表れていない．このことから，感情認知レベルの変化にとどまり，価値観レベルの変化は起きていないことがわかる．このように，樹形図に表れていない側面に着目することによっても，重要な変化を見出すことができる．

　新舘・松崎（2006）では，生徒や教師，学校へのイメージが変化する中で，指導方法そのものは変化しながらも，「生徒にていねいにかかわる」姿勢は変わらず続いていることが示唆されている．

　このように，複数時点の比較により態度構造全体の変化を見ることは，準拠枠という比較的意識されている認知的な側面から，協力者が意識していない面，樹形図には表れていない面，さらには変化しない面も見出すことができ，その人自身のパーソナリティも含めた大きな変化について検討することを可能にする．

4-2-4.　クラスター間・及び項目間の動的関係

　内藤（2008）によれば，PAC分析では刺激と行動を媒介するものとしての態度を分析対象としており，項目やクラスター同士の関係はスクリプトとして解釈できる．また，結節のプロセスは，因果関係を示唆しており，それは協力者の報告と合わせて推論することができるという．

　言い換えれば，PAC分析には項目間やクラスター間のつながりに時間的・空間的な推移を含意した動的な関係が現れることがある．事前事後テストとして施行することにより，こうした動的関係の変化も明らかにすることができる．これらの動きは，視覚的なつながりからだけでは見えにくく，協力者の解釈によって明らかにされることが多い，主観的なものである．そのパターンは以下のように分類できる．

（1）因果関係

　日本語学習についての八若（2007）の研究の協力者Ａにおいては，第２回目の調査において「会話ができる」ので「日本語の勉強のやる気がない」という連想項目間の因果関係がみられ，これは「慣れ」の状態を示していると思われる．またクラスター間についても，クラスター４「日本自体への理解」とクラスター１「最近気づいた悩み」との間に，「日本事態への理解が高まったために悩みが新たに生まれた」，という因果関係がみられた．また非母語話者と母語話者との交流に関する研究（半原，2008）でも，同様のクラスター間の因果関係が見出されている．

（2）世界に対する認識と関わり：個人内相互作用と個人間相互作用

　前出（第3章）の青木（2008）では，「世界への認識と関わり」を個人内・個人間相互作用ととらえて，PAC 分析のスクリプトを描くことにより明らかにすることができた．また同様に，前出（第3章）の井上（1997）では留学生カウンセリング事例において，１回目 PAC 分析（図 3 - 3）で，クラスター名「エイリアンとしての私」であるという認識がまずあり，それと「努力」のクラスターとの因果関係のつながりから，上位のクラスター「異文化適応の努力」が構成されている．このような留学生活・経験を通して，２回目 PAC 分析（図 3 - 4）の統合につながる態度変容が起こっているとみられた．つまり「認識したことを改良しようという努力」による自主的な関わりが表れており，そこから作り出される大きな流れが１，２回目の PAC 分析の間の変化につながる様子が見られた．

　自主的な動きについては，日本語母語話者と非母語話者との共生に向けた相互学習に関する半原（2008）の研究においても示されている．研修の前後でPAC 分析を行っており，１回目の PAC 分析では，連想項目間のつながりから「日本人と中国人がお互いの国の文化を認識することが，いい悪いではなくそれはそういうものであると理解することにつながる」「所得格差を認識することが外国人の凶悪犯罪の増加につながる」という動きが理解される．日本に

ついていろいろと考えを巡らせている状態であり，世界への認識のレベルにとどまっている．この時点では協力者自身の自主的な関わりはまだ表れていない．しかし 2 回目では，「黙っていては何も伝わらない」という認識から，「自分から踏み出す気持ち」が生まれ，「自分から行動を」という関わり，行動レベルへとつながっている．ここには世界への認識と関わりが，より主体的に変化したことが示されている．

4-2-5. 協力者自身による解釈

　樹形図に表れたイメージとその変化について，協力者自身によって分析される点が，PAC 分析の大きな特徴の 1 つでもある．内藤（2002）が述べるように，項目やクラスター，およびクラスター間の関係の意味は，協力者自身でなければわからないことも多い．2 時点での変化についても同様の側面があるものと考えられる．よって，2 回の PAC 分析の違いについての感想を協力者に求めることも大切であろう．さらにはそのこと自体，協力者の利益につながる．

◉ 4-3　事前事後テストとして PAC 分析を用いる際の比較の視点

　以上，PAC 分析を事前事後テストとして用いた先行研究において，どのような視点が用いられてきたかについて概観した．これを踏まえ，さらに内藤の考察（2002：2008）を参考にして，PAC 分析を事前事後テストとして用いるための比較の視点について**表 4 - 1** にまとめた．

　表中③ 3 ）のア）〜エ）は，これらすべてまたはこのうちのいくつかが，1 つの出来事の異なる側面として同時に起こることが多い．PAC 分析は，構造と動きを同時に表現でき，なおかつ複数の動きを同時に表現することも可能なため，自分を取り巻く世界に対する個人の認識と，世界に対する関わりとしての相互作用を同時に表現することができる．ワクテル（Wachtel, 1993）が述べるように，個人の外的・内的相互作用は相互に関連し合っており，分けて論ずるこ

表4‐1 事前事後テストとして PAC 分析を用いる際の比較の視点

① 連想項目への着目

視　点	内　容	研 究 例
1）項目の内容そのもの	各項目の内容の変化	青木（2007）
2）項目の抽象度	物事にとらわれなくなることで項目全体の抽象度が上がったり，より具体的に見るようになることで抽象度が低下したりする．	青木（2007）
3）項目数	項目数の変化の意味は，いくつかの可能性が考えられる．コンテクストの様子をみて検討すること．	青木（2007），友生・今林（2001）
4）項目のプラスマイナスイメージの個数	＋，－，0（どちらでもない），±（どちらでもある）の個数の変化	松崎（1997），松崎・田中（1998），安ら（1995），井上（1997），友生・今林（2001；2002），友生（2002），今野・池島（2007）
5）同一項目の属性の変化	ア）プラスマイナスイメージの変化 イ）表記の仕方の変化 ウ）重要度の変化	八若（2007） 青木（2007） 青木（2007），八若（2007）
6）項目同士の結びつきの変化による意味の変化	同じ項目が事前事後に現れた場合，結びつく項目が変化し，意味づけが変化することがある．項目が意識の中で占める位置や，その背後にあるコンテクストの変化の表れと思われる．	八若（2007）
7）項目の出現と消滅	消える項目は関心を向けられなくなったか，向けないようにしている可能性もある．現れる項目は新たに意識に上る項目である．	青木（2007）
8）重要度の高い項目の属性の変化	重要度順位が高位の項目のプラスマイナスイメージ，およびその内容の変化	矢野（1999），新舘・松崎（2006）

② クラスター構造への着目

視　点	内　容	研 究 例
1）クラスター同士の対応	事前事後に対応するクラスターが存在する．協力者がその時点で関心を向けている内容を表している．＊また，協力者が対象をとらえる際のカテゴリー化のレベルが，前後で変わらないとのあらわれとも考えうる．	友生・今林（2001；2002），友生（2002），八若（2007）
2）ヒエラルキー構造	事前事後でヒエラルキー構造が保存される．②1）の＊と同様に考えられる．	青木（2003），堀内ら（2006）
3）クラスターの出現と消滅	新しく表れたクラスターにより，新しい態度が象徴的にあらわされることがある．クラスターの消滅も同様である．	半原（2008），藤井（2004），矢野（1999）
4）クラスターのプラスマイナスイメージ	クラスター内の項目のプラスマイナスイメージの個数によってクラスターのおおよそのプラスマイナスイメージが決定する．	今野・池島（2007），矢野（1999）
5）クラスター内の葛藤度	（内藤，2008）による．「プラスの項目数＋マイナスの項目数」を分子，「『プラスの項目数－マイナスの項目数』の絶対値＋1」を分母とした値．	青木（2010）
6）クラスターの重要度	クラスター内の項目の重要度から，クラスターの重要度をおおよそ知ることができる．	
7）クラスター同士の関係	カテゴライズの仕方やヒエラルキー化の仕方そのものが変化する．協力者の体験様式そのものの変化の表れ．	内藤（1993a），郷式（2003），新舘・松崎（2006），井上（1997）

③ 態度構造全体への着目

視　点	内　　容	研 究 例
1）全体の構造	ア）物事をとらえる準拠枠	安ら（1995），藤井（2004），八若（2007）
	イ）価値観，世界に向かう態度	井上（1997），内藤（199a）新舘・松崎（2006）
	ウ）対象のイメージ	郷式（2003），友生（2002）友生・今林（2001：2002）
	エ）人生観・宗教観	矢野（1999）
2）暗示的に示される変化	ア）樹形図に表れない部分のイメージ	堀内ら（2006）
	イ）全体を通して不変なもの	新舘・松崎（2006）
3）項目及びクラスターの動的関係（スクリプト）	ア）主体性・世界との関わり：事象を認識して働きかける．	井上（1997），半原（2008）
	イ）因果関係：原因と結果の結びつき	八若（2007），半原（2008）青木（2010）
	ウ）個人間相互作用：他者との相互作用	青木（2008）
	エ）個人内相互作用：自分自身の内的なプロセスとしての思考や感情	青木（2008）

とはほとんど不可能である．PAC分析はそれを同時に，しかも総合的にあらわすことができるであろう．

　表4‐1から，研究者によって，また研究によって，注目している視点にはかなり相違があることがわかる．どのような視点が重点的に用いられるかは，それぞれの研究の目的によって影響を受け，変化する可能性がある．また同時に，多くの研究において注目されている視点があることもわかる．たとえば，①4）の「項目のプラスマイナスイメージの個数」などは，多くの研究で比較の視点として意識されている．

　よって，この研究でも，研究目的に照らし合わせ，過不足のないように視点を選択する必要があるといえよう．表4‐1の視点を踏まえたうえで，運用にあたっては目的に沿って柔軟に検討されるべきである．

　以上，PAC分析の評価査定機能を活かし，表2‐6の②「比較可能性」を具体的に実現するため，事前事後で比較する場合の視点について整理した．これを礎として，次章以降でPAC分析を事前事後テストとして用いた試行面接による調査を行い検討していく．

第 II 部

個人別態度構造（PAC）分析を用いた事例研究

第5章　問題の見方の変化が報告された事例

◉5-1　目　的

　この章では，心理療法を通じて，問題のイメージがどのように変化するかについて，3回の試行面接の前後に事前事後テストとして PAC 分析を行う実験調査を行い，個人に固有の世界観における「問題への認識」と「問題への関わり」がどのように変化したかを探索的に検討する．2つの事例を取り上げ，それぞれの特徴を検討するとともに，共通する特徴についても考察を行う．

　その際の分析の1つの切り口としてここでは，ワツラウィック（Watzlawick, 1978）の世界観（world image）の概念を参考にする．ワツラウィックは「個人は一人ひとりが独自の世界観（world image）を構築している」と指摘している．彼のいう世界観とは，すなわち「個人を取り巻く世界へのその人の認識と，世界との関わり」のことである．個人が何かを問題だと感じるとき，そこには必ずその人自身の世界観が影響しているであろう．そして世界観の中での問題との関係は，「問題への認識」と「問題への関わり」という側面を持つはずである．そこで本章では，個人の「問題への認識」と「問題への関わり」についての個人の主観的な体験が，心理療法を通じてどのように変化するのかを検討する．

　なお本章では個別の事例を扱うため，守秘を鑑み，記載に当たっては事例の本質を損なわない範囲で変更を行った．

●5-2 個別事例分析のための方法

　調査協力者は，この研究の趣旨に賛同した，問題を抱えた健常者であった．ここで健常者とは，過去から現在に至るまで，精神科および心療内科における既往歴がない方と定義する．協力者のリクルートにあたっては，筆者の知人に趣旨を伝えて紹介を依頼したり，他大学に張り紙をするなどして募集した．プロフィールを**表5-1**に示した.

　なお，本章では個別事例としてA，Bについて検討する．第6章ではCについて検討する．第8章では，A～Iのすべての協力者について検討する.

　また手続きは，以下のとおりである．この手続きは，第6章，第8章の調査においても同様である.

5-2-1. 事前PAC分析

　PAC分析の手順については第3章に詳しいが，ここでも再掲する.

　（1）当該テーマに関する自由連想：協力者が面接で扱いたい問題を尋ね，連想刺激を作成した．口頭および文面でインストラクションとして呈示し，協力者に，そこから連想した言葉などをカード1枚につき1項目，自由に書いてもらう．PAC分析では，連想刺激が非常に重要であるといわれている．そこでまず事前PAC分析では，最初に協力者が述べた「扱いたいテーマ」に合わせ，そこで語られた言葉に基づいてインストラクションした．その後，各項目を重要度の順番に並べてもらった.

　（2）協力者による連想項目間の類似度評定：1）で得られた連想項目を2つの対にして提示し，その2項目の類似度を「非常に近い」～「非常に遠い」の7段階で評定してもらい，類似度距離行列を作成した.

　（3）類似度距離行列によるクラスター分析：統計ソフトは，HALWINを使用し，ウォード法によるクラスター分析を行った.

表5-1　協力者のプロフィール

協力者	性別	年齢	主　訴	面接回数	終了時 スケーリング値[1]	属性[2]
A	女性	20歳代後半	いろんなことが面倒と感じる	3	7.5	学生
B	女性	20歳代前半	難しい相談者への対応	3	6	学生
C	女性	20歳代後半	将来について	2	6	有職者
D	女性	20歳代前半	職場の対人関係	3	6	有職者
E	女性	20歳代後半	いつまで仕事を続けるか	2	8	有職者
F	女性	20歳代後半	結婚について	3	6	有職者
G	男性	20歳代前半	将来について	3	5	学生
H	男性	20歳代前半	不眠と騒音について	3	6	学生
I	男性	20歳代後半	対人関係の悩み	2	9	有職者

注：1）「相談開始時」を1，「解決した状態」を10とした評定.
　　2）　週3日以上の仕事についている方を有職者とした.

（4）協力者によるクラスター構造の解釈やイメージの報告，項目のプラスマイナスイメージの説明：クラスターの命名やクラスター同士の関係，各項目のプラスマイナスイメージについて聴取する．価値のプラスマイナスイメージとは，協力者自身にとって，その項目がプラスのイメージ（＋），マイナスのイメージ（－），どちらでもない（0），どちらでもある（±）のいずれにあたるか，である．±の使用は筆者の発案（内藤，1998）であり，「＋，－，のどちらにもどうしても決められない時に±としてください」とインストラクションした．

（5）実験者による総合的解釈：（1）～（4）を踏まえて総合的に解釈する．

（1）～（4）を一回のセッションで実施した．所要時間は，ほぼ40分～1時間の間であった．（5）は，次の②の試行面接の内容も考慮し，実験者が一人で実施した．

5-2-2. 試行面接

事前 PAC 分析から1週間後，呈示された問題について，解決志向アプローチ（Berg ＆ Miller，1992；以下 SFA）を用いた時間制限面接を1週間間隔で3セッションを上限として行った．SFA については第1章および**表1-1**を参照され

たい．

　回数を 3 回までとしたのは，ランバートら（Lambert, Okiishi, Finch & Johnson, 1998）やタルモン（Talmon, 1990）より， 3 回で十分変化が起こると思われるためである．セッション回数については事前に協力者に「最大 3 回までとし，途中で協力者からの申し出があったり，スケーリング・クエスチョン（De Jong & Berg, 2007）（後述）への答が 8 以上になった場合，終了について検討する」と伝えておいた．面接の形態としては， 1 セッション55分とし，45分の時点で一旦休憩し， 5 分のブレークをとり，その後 5 分のフィードバックを行った．

　解決に向けた改善の主観的判断を検討するため，定量的な指標としてスケーリング・クエスチョンを最終回面接の休憩後の振り返り時に用いることとした．これは，クライエントに「面接開始時を 1 ，解決を10として，今はどれくらいだと思いますか」と尋ねるものである．

5-2-3. 事後 PAC 分析

　（2）の終了の 1 週間後，事後 PAC 分析を行った．手続きは（1）と同様である．なお連想刺激の作成に当たっては，事前事後で面接を行う前とそれについて話し合った後という相違があることに配慮した．その指し示す内容が同一であるよう注意しながら，試行面接を経た時点で抱いているイメージを引き出せるよう，前回の面接での語りの内容に基づいて，インストラクションを提示した．

5-2-4. 倫理的配慮

　以下のことを事前 PAC 分析開始前に協力者に伝えた．

　情報の管理に関して：「秘密を守ること」「個人情報については厳重に管理すること」「個人が特定されるような記述は一切行わないこと」「論文の作成にのみ使用すること」「データの使用を中止してもらいたいときはいつでも申し出ていただきたいこと」

　実験への参加について：「実験を途中で辞めたくなったら申し出ていただき
たいこと」「面接の影響により状況が悪くなるようなことがあったら伝えてい
ただきたいこと」「その他，不満や疑問があったらいつでも表明していただき
たいこと」

●5-3　結果 1：事例A「いろいろなことが面倒と感じる」

　Aさん（20代後半・女性）は大学院生である．「いろいろなことが面倒くさい」
ということを主訴としてこの研究に参加された．数年前までは教授の研究のお
手伝いや非常勤をしていたが，今は何もしていない状態だという．一番困るこ
とは，部屋の中が片づかず，散らかり放題なことだという．自分でもそのよう
な部屋にいることは気分が悪いし散らかっていることはよくわかっているが，
片づけようという気にならないと言うことだった．さらに対人関係も次第に面
倒に感じるようになり，約束をすると縛られる気がして，躊躇してしまうとの
ことだった．そのせいか，同期は就職し，また周りの院生はみんなボランティ
アやアルバイトをしているのに，自分は何もせず，家にいる．やらなければと
も思うが，いざとなると行動を起こせないし，誰からもお呼びがかからない．
「家にいるのは楽だが，このままではいけないのではないか，でもどうしたら
いいかわからない」という問題意識を持っておられた．小柄で落ち着いた雰囲
気の人である．

5-3-1．事例Aの事前 PAC 分析（Pre-A）

（1）当該テーマに関する自由連想とクラスター分析
　扱いたいテーマについて尋ねると，Aさんは「ともかくいろんなことが面倒
くさいので，なんとかしたい」と答えた．そこでその言明に基づき，「面倒く
さいことの状態，そこから引き起こされてくること，についてのイメージを，
自由に出してください」というインストラクションを提示したところ，Aさん

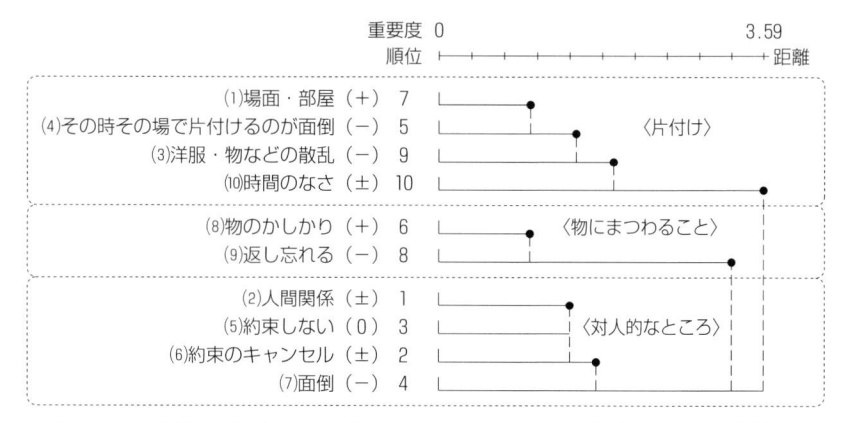

図 5 - 1 事例A「面倒くささ」についての事前 PAC 分析（Pre-A）の樹形図
注：左のカッコ内は連想順位

は，10個の連想項目を生成した．また，各項目の重要度を答えてもらった．それら10項目それぞれの間の類似度評定をしてもらい，それらをクラスター分析した．項目の内容と連想順位（カッコ内の数字），重要度（カッコ外の数字）を加えたものを図 5 - 1 に示す．

（2）Aさんによるクラスター構造の解釈やイメージの報告

以後，実験協力者の発言を『　』で囲って示す．

クラスター 1 は，「場面・部屋」「その時その場で片づけるのが面倒」「洋服・物などの散乱」「時間のなさ」の 4 項目から構成され，Aさんはこのクラスターを〈片づけ〉と命名し，『片づけに割く時間がない』と語った．クラスター 2 は，「物のかしかり」「返し忘れる」の 2 項目から成り，Aさんにより〈物にまつわること〉と命名された．これに関して『ものの貸し借りをすると，返さなきゃと思うけど，借りたものを読んだりするのに時間がかかったり面倒だったりして，結局返し忘れる』と説明があった．クラスター 3 は「人間関係」「約束しない」「約束のキャンセル」「面倒」の 4 項目からなり，Aさんはこれを〈対人的なところ〉と命名するとともに，『対人関係は面倒ではないけれど，約束してそのために出かけたりするのが面倒くさいので，約束しなかっ

たりとか，キャンセルしたりとか』と語った．

　またAさんは，〈片づけ〉と〈物にまつわること〉の違いとして，『〈片づけ〉が自分自身に関わることで，〈物にまつわること〉は他の人が入ってくるところ』を挙げ，この2つが同じところとして『自分の中の甘さとかだらしなさとか』を挙げた．そして〈物にまつわること〉と〈対人的なところ〉違うところについて，『〈物にまつわること〉は，間に物が入っているけれど〈対人的なところ〉は直接人と関わるところ』と語り，この2つの似ているところは，『他の人と関係があるところ』であると説明した．

（3）Aさんによる項目のプラスマイナスイメージの説明

　各項目がAさん自身にとって持つ価値を，プラスマイナスで答えてもらい，その理由を尋ねた．各プラスマイナスの個数は，＋が2個，－が4個，0が1個，±が3個であった．項目「時間のなさ」が±である理由については，『時間がないということは，他に時間をかけている．他のことをがんばっている．でも，割くべきものに割けないので』と語った．また項目「約束キャンセル」の±については『キャンセルしたことで，自分のやりたいこととか時間がある．相手に迷惑を掛けたり，後悔したりする』と説明があった．そして項目「面倒」が－なのは，『面倒と思うと，何も得られないから』ということだった．

（4）Aさんによる全体の解釈と感想

　全体を眺めての感想としてAさんは，『確かに，すべてが「面倒」につながっている．人間関係は面倒ではないけれど，約束は面倒だと自分が思っていたことが面白いと思った』と語った．

（5）実験者による総合的解釈

　事前PAC分析では項目数が10と多く，とくに具体的な内容を表す項目が多くなっている．恐らく多くのことが，脈絡なく「面倒なこと」として連想されたのであろう．意識が一つひとつのものにとらわれて，散漫になっている印象である．とくに片づけに関する項目が多く，この時期に強く“問題”として意識されていたことがわかる．また重要度1の「人間関係」のプラスマイナスイ

メージが±で，大切だと思いながらもうまくいかないこと，それゆえに葛藤を抱え，ストレスフルな状態だったことが読み取れる．

　Aさん自身も感想で述べているように，項目「面倒」を中心にまとまっていることがわかる．これはAさんにとってその時点で意識の最前面に出ていて，強く感じられている感情である．そこに至る要因をPAC分析から読み解く．項目「時間がない」のプラスマイナスイメージの説明でも述べられていたように，Aさんは今何か必要なことに時間を割きたい状態にあるが，それが果されていない．そこで，片づけに割く時間にあまり意味を感じられないようだ．そのため目の前にある散らかった部屋という現実にその場で対処するということが難しくなるのだが，それゆえ時間とともに散らかった状態は積み上がり増大していく．ますます対処が難しくなり，「面倒」な気持ちも膨れ上がっていくのである．

　これは主にクラスター1〈片づけ〉にあらわれたものだが，クラスター2や3でも基本的に同様である．クラスター2〈物にまつわること〉では『借りたものを読んだりするのに時間がかかったり面倒だったりして，結局返し忘れる』と説明されている．ただクラスター1と異なり，物を借りたり人と会うことには意味を感じている様子だ．同時に人との関係でもあるので，迷惑がかかることを懸念している．この点についてはクラスター3の「約束キャンセル」について『キャンセルしたことで，自分のやりたいこととか時間がある．一方相手に迷惑を掛けたり，後悔したりする』と語られている．そして迷惑をかけないように，「約束しない」ことを選択しているのだ．つまり自分が「面倒」と感じること（約束）が積み上がるのを防ぐ行動（約束しない）をとっている点がクラスター1と異なるが，それは新たに自分の行動の制限を積み上げていくことになる．

　こうしたことからAさんは，何か自分の心の中にある，何かもっと重要なもののイメージに気を取られ，今直面していることにリアルタイムで対応できなくなっているといえるだろう．これは項目「その場その場で片づけるのが面

倒」にも表れている．その結果，「面倒」と感じる状態に縛られ，未来や破壊に踏み出せず，身動きできなくなっているのだ．

　このように考えると，それぞれのクラスターについて，実験者の視点から，クラスター1は【目前の事実に対応することへの面倒くささ】，クラスター2は【他者への影響の懸念】，クラスター3は【未来への懸念と行動のためらい】と命名することができるであろう．

5-3-2. 面接のプロセス

　事例の記述に当たっては，筆者を Th であらわし，Th の言葉を〈　〉，協力者の言葉を「　」でくくって示した．

（1）第1回面接

　最初に，困っていることについてたずねると，「自分の性格として，いろんなことに面倒くさいと思ってしまい，部屋が片づかなかったり，友達との約束をキャンセルしてしまったりする．その時はそれがいいと思うのだが，後から『どうなんだろう？』と気になる．自分でその辺に整理をつけられたらいい」とのことだった．さらに聞くと，「心と体のバランスを大切にしようとしすぎて，不自由な気がする」という振り返りが語られた．そこでミラクルクエスチョン（De Jong & Berg, 2007）を用いて解決イメージをきいてみた．〈Aさんがおっしゃったような問題が，夜お休みしている間に全部解決したとします．でも，Aさんは寝ているのでそのことを知りません．朝起きて，一番最初に，この問題が，解決してしまったらしい，という風に感じるとしたら，それはどういうところからだと思いますか？〉Aさんの答えは，「見てわかることとしては，部屋がすごくきれいになっている．手帳にびっしりスケジュールが書いてあったり，メールが一杯入っていたりする」だった．さらに〈それでは目に見えないことは？〉とたずねると，「心がもやもやして感情が動いているかも．人といっぱい交流したら，その中でいろいろ考えたりすると思うから」という答えだった．具体的な場面では「部屋で物を探さなくて済むのでスムーズに出かけ

られる」，さらに「トータルとして，自分がもっと豊かになっているイメージがある」という．それは具体的には中高時代の友人と会うことだったり，誘われたらうきうきして行くイメージだという．

そこで関係性の質問を使って解決イメージのコンテクストを探った．〈そんな風に変わっていくと，そのことに最初に気づくのは誰でしょう？〉「やっぱり家族．母親だと思う」〈お母さんは，なんていうと思いますか？〉「話は面白く聞いてくれると思うけど，『遊びすぎじゃない？』というと思う」〈そうしたらあなたは？〉「そうでもないよ，今まで遊んでない分だよ，というと思います」続けて，「次は友達．いろんなところに行ってるね，と言われそう．そうしたら誇らしく感じると思う」「その次は妹．妹はよく出かけて母親に注意されているので，『私が目立たないようにもっと出かけて』というだろう」と語られ，外出を巡る家族のコミュニケーションの一部が描き出された．娘たちの外出に関心の高い母親の様子は，Ａさんの生真面目さと無関係ではないように思われ，主訴の背景要因の１つのようにも思えた．

そこで生活のコンテクスト全体へと話題を広げるため，「豊かに生活しているイメージ」についてたずねると，「自分の好きなものにこだわって，身の回りを飾ったりするだろう」ということだった．「もっといろんなことを知って，感じられる自分のイメージ．今はこだわる時間もお金もない．でもこだわっている友人は楽しそうでうらやましい．手に入れる過程も楽しそう」と語られた．

次に〈こだわりを持って楽しく過ごせる自分に，少しでも近づいたと思える最初のサインは？〉と尋ねた．「行動を起こすこと．お金を使うこと．今は，使うと際限がない気がして使わないから」と，自分の欲求とそのコントロールに対するＡさんの考えが少し語られた．具体的にどんな行動を起こすかを尋ねると，「誘われたときに応じる．その時は，うきうきした気分だと思う．そういう気分の時は，色々と買ったり，他の人に話したり，装いに工夫を凝らしたりするだろう」とのことだった．

5分間のブレークの後，感想を聞いた．「問題が明確になった感じ」と答え，

「今の生活が変わると，うきうきする反面，失うものもあるだろうと思った．一人でいられる時間が減る．バランスが取れるかな」という懸念が語られた．これに対し Th は〈生活のバランスを大切にしているのですね〉とコンプリメントした．10段階のスケーリングを尋ねると「3」と答え，1（最低）ではない理由として「前進しようかな，というエネルギーを得られた」と語った．次回までの課題については，Aさん自身の発案により，「買い物に行くか，友人からの誘いに応じる」とした．

（2）第2回面接

　まず前回の課題について尋ねると，「1週間の間に，まずは買い物に行こうと思っていた．そうしたら，予定外の飲み会に誘われたので参加したり，小学校の同窓会に参加の返事を出した．買い物も，普段は考え過ぎて疲れるけど，今回はうきうきした気分で行くことができた．外出先で急な飲み会に誘われて行こうとすると，母親の作った夕飯を食べないことになり，母親を怒らせたりすることがあるが，今回はあまり怒られなかった」と報告された．Th が〈勇気がいったのではないですか？〉と尋ねると，「勇気がいったが，課題があるという大義名分があるので，言い出せた」という．

　しかしその後，「約束すると今は良いが，その日が近づいてくると面倒になってくる」という懸念が語られた．特に何を着ていくか考えるのが面倒で，その他に道順なども，考えているうちにげんなりしてくるということだった．しかしその話を十分聞いていくと，自然に「今のところは楽しみ」という話に戻った．Th も〈楽しみな面と，面倒な面と，両方あるのですね〉と返し，共有した．

　「今まで，面倒なためにいろんなことを断り続けてきてしまった．でも行ってみないとわからないとも思う．今回約束したことで変わってきたこともある」「いろいろな体験をしたいのに，それをしない選択を自分でしているようにも思う」という．「すべてを変えるのではなく，徐々に変えればと思うし，気分が上向きになったのは確かなので，そうすると行動が変わってくる．人に

もやさしくできる」と，前回から気にかけてきた変化に伴う懸念と，折り合い
をつけようとする様子が見られた．

　その後，もともとの主訴「片づけ」について，Th が驚くような報告がさり
げなくなされた．自分の部屋の掃除をし，さらに家中を掃除して母親に驚かれ
たという．A さん自身がそれについてどう思うかを尋ねたところ，「私も気分
がよくなりました」とのことだった．

　スケーリングは 5 で，「定着するかどうかわからないので半分」という．定
着のために必要なことは，「定期的にきちんと，というのは難しいけど，時々
やるようにする」ことだという．〈どうやって 5 まであげましたか？〉とたず
ねると，「ともかく実行したことが大きかった」と答えた．

　ブレークをとり，その間に考えたことを尋ねると，「今は気分がよい．でも
続かないのでは，という不安もある」と語られた．Th からのメッセージとし
ては，まずコンプリメントとして，誘いに応じたことや掃除をしたことなど，
実行したことを称賛しねぎらった．さらに「考えること」のよい面と悪い面に
ついて話し合った．次回までの課題として，今取り掛かっている作業を完成さ
せること，および，今回と同じ課題を提案した．

（3）第 3 回面接

　前回からの 1 週間の様子を問うと，「行動はあまりしなかったが，反面あま
り悩まされなかった」との報告があった．「うまく説明できないが，気になら
ない」という．さらに訊いていくと，「友達の約束も，先にあれこれ考えて，
面倒だと思ってしまうことに気づいた」とのことだった．そして「忙しくもあ
ったが，それ以外のリラックスした時間も，悩まずに過ごせた」という．

　また，「お風呂で本を読めることが，余裕があり調子がいいことのバロメー
タ．今週はそれができた」という．好きな本の話がしばらく続いた．

　そこで〈悩まされない時間が増えたことでどのような影響がありました
か？〉と尋ねると，「今までそこにとらわれて，ぼんやりしているときにいつ
の間にか考えてしまったりしていた．今はぐるぐる考える時間がなくなったこ

とで，やらなくてはいけないことや，リラックスの時間をとれるようになった」という答えだった．そこで〈最初の面接の時を1，快適に生活できている状態を10とすると今はいくつ？〉というスケーリングクエスチョンへの答えは，「7.5」だった．その中身を尋ねると，「とらわれなくなったから」と答え，「面倒くささはなくならないと思うので，それとどうつき合っていくかだと思う」「考え過ぎなところがあるので，今回あまり考えずに行動できたことがよかったと思う」とのことだった．そして現状について「あまり気にしなくても，自然に前向きになれる．普通な感じで，定着した感じ」と語った．

　ブレーク後の感想では，「悩んでいる時は，面接を受けることで行動のきっかけができ，風穴をあけられた．でも面接のおかげでよくなった，というような訳でもないような，自分でやれた，自然な感じがある．これから同じようなことがあっても自分で何とかできそうな気がする」と締めくくった．

5-3-3. 事例Aの事後PAC分析（Post-A）

（1）当該テーマに関する自由連想とクラスター分析

　前回までの面接で，Aさんは片づかなさや対人関係について語っていた．そこでその状態に合わせる形で，「面倒くささとか，対人関係とか，お部屋の片づかなさについて，今の時点で感じていることなどについて，自由に思いついたことを，書いてください」というインストラクションを提示した．なお，インストラクションの内容がPre-Aと少し異なっているが，その理由は，単に2つのPAC分析を比較するのではなく，Pre-Aを前提として，それがどのように変化したかについてのデータを収集するためである．この点は，以降の協力者すべてに当てはまる．

　Aさんは，7個の連想項目を生成した．クラスター分析の結果を図5-2に示す．

（2）Aさんによるクラスター構造の解釈やイメージの報告

　クラスター1は，「流れる」「考える」「大切なもの」の3項目から構成され，

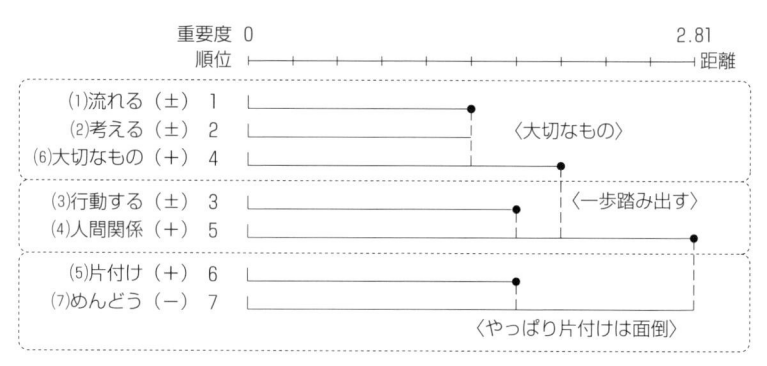

図5‐2　事例A「面倒くささ」についての事後PAC分析（Post-A）の
樹形図

　Aさんはこのクラスターを〈大切なもの〉と命名するとともに，『自分が一番
大切だと思っていたりとか，この3回の面接を通して，今一番大切だなあと思
っていること．考えることはもともと大切にしていた．いろんなことを考えて
いて．面接始めるときに，片づけが，とか人間関係が，といっていたのは，あ
る意味始めは考えすぎて，考えているだけのところが悪循環になっていたのか
な，と思って．この3回の面接で思ったことは，流れることが大切．面接を受
けていろんなことが流れ出した感じがするし，いろんなことに，その場その場
にとどまるよりも，流れることで，いろいろうまくいったりするのかな，と思
ったので，ずっと大切にしていたことと，3回の面接で大切だと思ったこと，
というまとまりかな』と語った．

　クラスター2は「行動する」「人間関係」の2項目から構成され，Aさんは
これを〈一歩踏み出す〉と命名し，『本当は，（自由連想のときに）「考える」の
次に「行動する」をもってきたので，私の中では，大切なものという意味では，
3つとも全部大切なんですけど，2つが（異なるクラスターに）分かれたって言
うことは，（クラスター2は）今の自分よりは，1歩踏み出して行動したりとか．
もうすこし人間関係を深める努力をするとか，今の自分でそのまま手に入れら
れるというよりは，こう……ちょっと進みだしてみたら手に入れられるかもし

れないって言う，ことかな，とも思いますし，人間関係が深まっていくには行動することが大切なんだろうな，っていうつながりでもあるかなあ』と説明した．

　そしてクラスター 3 は「片づけ」「めんどう」の 2 項目から成り，Ａさんはこれを〈やっぱり片づけは面倒〉と命名し，『やっぱり片づけは面倒くさいっていう気持ちは，そのまま残っているかな．前よりめんどくさいっていう感じじゃないんですけど，まあ，めんどくさいことはめんどくさいよなあ，くらいの．自分の中の位置づけは軽いんですけど，片づけとめんどくささのつながりは，あります．なんか，やわらかくめんどうくさい．』と説明した．

　〈大切なもの〉と〈一歩踏み出す〉の似ているところとしてＡさんは，『両方とも大切なもの』を挙げ，似ていないところとして『重要度は同じでも，〈大切なもの〉は定着してる感じで，〈一歩踏み出す〉は定着したいけどもうちょっと』を挙げた．また，Ａさんは〈一歩踏み出す〉と〈やっぱり片づけは面倒〉の関係について『みんな重なってる．人間関係も面倒くさい．片づけも，行動すればよい』と語り，似ていないところとして『人間関係については，行動したりとか，ポジティブな方向へ行っている．片づけは，1 回行動はしたが，面倒くさいことは面倒くさい』と語った．そして，〈やっぱり片づけは面倒〉と〈大切なもの〉について『似ていない．価値の低いものと高いもので，遠い』と答えた．

（3）Ａさんによる項目のプラスマイナスイメージの説明

　各項目がＡさん自身にとって持つ価値を，プラスマイナスで答えてもらい，その理由を尋ねた．各プラスマイナスの個数は，＋が 3 個，－が 1 個，0 が 0 個，±が 3 個であった．プラスマイナスイメージの理由の主なものとしてＡさんは，項目「流れる」の±について『流れることが大切，と実感した．でも，流されちゃった，とか，掴むところで掴めなかったり，流される，とは違う．淀んでいる時もあったから，次がある．流れている間にきらっと光るものがあったら，拾い上げたい』，項目「考える」の±について『考えるのは大切だが

考えすぎるのもよくない．両面がある』，項目「大切なもの」の＋について『考える，流れる，ということも含めて．自分の基礎．特徴．価値をおいているもの』，項目「人間関係」の＋について『どんな人とどんな関係でも，自分にとっては意味がある』と説明した．そして項目「片づけ」の＋については，『（片づけは）したほうがいい．片づけること自体は，－の意味はない』とのことだった．

（４）Aさんによる全体の解釈と感想

　Aさんは，今回のPAC分析の感想として，『最近考えていたこと．収入がないから，節約をしようと思っていた．でも今月は大切な飲み会とかあって，お金を使った．不思議とそうしたら，臨時収入があった．それって，いろんなことに共通している．やっぱり流れている』と語った．また，事前PAC分析と比較すると，今の方が漠然としている．とらわれていない感じ．』とのことだった．

（５）実験者による総合的解釈

　クラスター1は，Aさんが以前から大切にしていて，今回改めてそれを実感した事柄「考える」と，新たに面接で大切と実感した「流れる」が集まっている．事前PAC分析（Pre-A）では，Aさんが心の中にあるものにとらわれて，リアルタイムに現実に対処できていない様子が表れていた．今回は「流れる」ということの大切さを認識し，それが変化してきたといえるだろう．実際にAさんは生活の変化が見られ，部屋を掃除している．このクラスターに関連して『考えることは好きだけれど，考え過ぎて動けないこともある』と，「考える」ことのプラスマイナス両面に気付き，考えすぎないようにしている．それとともに，流れ過ぎないようにも心がけている．どちらか一方だけではなく，その絶妙なバランスへの気づきが，このクラスターといえるだろう．

　クラスター2は，同じように大切でありながらも，「行動すること」という面が違っており，またそれは「人間関係」と関連している．Aさん自身が語るように，『定着したいけれどもうちょっと』という点であり，課題点ともいえ

るだろう．また，クラスター1に「行動する」が含まれていなかったことから，Aさん自身がこの課題点『行動するために一歩踏み出したり，人間関係を深めるために，一歩踏み出す必要がある，ということかな』に気づいている．ここからもまた新たな動きが生まれそうである．

クラスター3は，「片づけ」と「めんどう」から構成されている．「片づけ」が＋に評価されており，それ自体はよいこととととらえている．そして「めんどう」という―の感情からは切り離されて客観的になっている．さらには「めんどう」というひらがな表記からも，Aさん自身の語りからも，この感情が軽くなったことがわかる．生活の中でやらなければならないものを，自然に受け止めている様子が見られる．

まとめると，Aさんは今まで自分が大切にしてきた「考える」ことをPre-Aの時点では忘れていたことに改めて思い至った．そしてその大切さを再認識するとともに，面接で新たに得た「流れる」ことも大切であり，そのバランスが大切という，新たな気づきを得ている．そうして，新たに他者や社会に向かって踏み出していく点に自分の課題があるという，もう1つの気づきをも得た．これら2つの気づきを得ると同時に，「片づけ」にとらわれなくなり，対処できている状態といえるだろう．

以上のような実験者の総合的解釈により，クラスター1は【バランスをとって現実に向き合う】，クラスター2【世界とより深く関わるための課題】，クラスター3は【生活できている感覚】と命名することができる．

5-3-4. 実験者による Pre-A と Post-A の比較と考察

問題に対する認識と関わりの変化について，第4章で検討した**表4-1**の視点を踏まえつつ，Pre-A と Post-A の比較を中心に考察する．項目数は10から7に減少し，まとまった印象になっている．

Aさんが事態を好転したと感じているかどうかについては，項目のプラスマイナスイメージの数の増減を指標にすることができる．Pre-A と Post-A との

間の，プラスマイナスイメージの変化は，－は４個から１個，０は１個から０個へと減少し，＋は２個から３個へと増加しており，±は３個のまま変わらない．このように－というネガティブなものが減少し，＋というポジティブなものが増加している．また，連想項目全体の内容からも，望ましい方向へ事態が変化し，問題が好転したとＡさんが感じていることがわかる．

　また「流れる」「考える」などのポジティブな行動を表すことばが出現し，重要度もそれぞれ１および２と高い．自身の内的な感覚にねざしつつ大切なものに向かう動きが生まれ，生活が生き生きと変化してきていることがうかがわれる．

　Ａさんの問題への認識や関わりの変化についてくわしく検討する．Pre-A と比べ Post-A では項目数が減少し，すっきりしている．また Pre-A では「部屋」「片づけ」など周囲の状況が最初に結節し始めているのに比べ，事後では「流れる」「考える」という，自身の動きが最初に結節している．Pre-A では，項目「場面・部屋」，「その時その場で片づけるのが面倒」，「洋服や物などの散乱」，「時間のなさ」，「物のかしかり」，「返し忘れる」，「人間関係」，「約束しない」，「約束キャンセル」と，困った事象が羅列されたが，Post-A では，具体的な困った事象はほとんどみられない．また Post-A 後の感想で，『前より面倒くさくはない．（面倒の）位置は軽く，柔らかくなった』，『今の方が漠然としている．とらわれていない感じ』と述べている．また「面倒」の重要度も10項目中４位から７項目中７位に下降し，表記も「面倒」からやわらかい印象の「めんどう」に変わった．そして「片づけ」「めんどう」は２つのみの項目からなるクラスターに縮小した．Pre-A でのクラスター１の散在した片づけの対象が，Post-A の「片づけ」という項目に集約されているようだ．こうしたことから「片づけ」へのとらわれが減少したことがわかる．Ａさん自身も語っているように，〈やっぱり片づけは面倒〉ではあるものの，軽く柔らかくなっていることがあらわれている．問題は完全になくならなくても，コントロール可能になり気にならなくなったと言えるだろう．

　また，「面倒」と感じている自分自身へのとらえ方も変化している．Pre-A の項目「面倒」のプラスマイナスイメージ説明で，『何も得られない（のでよくない）』という構えが見られたが，Post-A では『面倒というのは良いことではないが，そう思うのは仕方がない』という構えに変化し，面倒と感じることを受け入れている．上述の，個別の問題にとらわれなくなったこととも併せて考えると，最初の片づけの大変さに目を奪われていた状態が変化し，より大きな視点を得て，自身の動きを中核としてとらえているといえるだろう．

　「人間関係」は Pre-A と Post-A の両方に出現するが，プラスマイナスイメージが±から＋になったことから，葛藤が減ってポジティブになっていることがわかる．同時に重要度は Pre-A では10項目中 2 位だったものが Post-A では 7 項目中 4 位へと下がっている．その一方で「人間関係」という他者との間にあるものよりも「流れる」「考える」など，自分自身の内面の動きのほうが重要度が高くなっていることから，自身のポジティブな内的過程が強く意識され，自主的に動けている状態だといえよう．上述のように「面倒」も重要度が下がったことを併せて考えると，当初の「問題」から，次第に内面の動きへと関心が向け変わったといえるだろう．

　その内面の動きについて，さらに詳しく検討する．Post-A で項目「流れる」のプラスマイナスイメージ説明の時に『流れることが大切，と実感した．（中略）淀んでいる時もあったから，次がある．流れている間にきらっと光るものがあったら，拾い上げたい』と述べていることから，流れることとともに，流れていない状態の価値にも改めて気づいていることがわかる．また，項目「考える」のプラスマイナスイメージ説明の際に『考えるのは大切だが考えすぎるのもよくない．両面がある』と述べ，大切だと思っていたものにも困った点があることに改めて気づいている．そして項目「大切なもの」のプラスマイナスイメージ説明で『考える，流れる，ということも含めて．自分の基礎．特徴．価値をおいているもの』，項目「人間関係」で『どんな人とどんな関係でも，自分にとっては意味がある』と述べ，今まで大切にしてきたものをさらに深く

掘り下げている．Aさんの中で意味づけや大切なものが変化していることがわかる．

　同時に「人間関係」のためには一歩踏み出し，行動を起こすことが必要であると語っており，主体的にとらえていることがわかる．

　このような認識の変化はAさんの行動に影響する．たとえば，Post-A の項目「行動する」のプラスマイナスイメージについて『行動することの大切さを課題を通して学んだ』と語り，また〈一歩踏み出す〉の命名時に『行動することが大切』，項目「流れる」のプラスマイナスイメージ説明で『流れることが大切，と実感した．でも，流されちゃった，とか（中略）流される，とは違う』と述べている．こうしたことから，自ら動けている感覚を得ていることがわかる．また，どのように行動するかの選択に対しては，クライエント自身の嗜好（preference）が影響し，同時に原動力にもなる（Walter & Pellar, 2000）．それとともにクライエントは状況，自らの感情，信念，他者の行動といった内外からの情報を総合して意味づけ，行動を選択する（Frijda, 1986）．Post-A で「流れる」ことを大切にしており，それだけではなく『行動するだけでなく，他のこととセットになって意味がある』ことが語られている．つまり，生活のコンテクストの中で，状況や自分の状態をもとに，総合的に判断してより自ら行動を選択しようとしている構えが見られる．

　さらに Post-A では〈一歩踏み出す〉で『対人関係は，今の自分よりは一歩踏み出した，進みだしてみたら手にはいるもの』と述べており，未来の変化の可能性と，そこに自ら関わろうとする姿勢が見られる．Aさんからみた時間の方向として，未来への視点がより大きくなってきていることがうかがわれる．

　全体を通して見ると，Pre-A では心の中にある何か他のことのイメージにとらわれ，時間がないと感じて目の前のさまざまな対処すべき事柄に意味を感じられず，面倒と感じられて向き合えていない状態であったが，Post-A では，もともと大切にしていた「考える」ことと面接で新たに見出した「流れる」ことを両方大切なものと再認識し，その間でバランスを取りながら自ら進んで世

界に対して踏み出していこうとしている状態へと変化したといえるだろう．

　そして面接終了時には，生活において「友人からの誘いに応じた」「部屋と家の中を掃除し，母親に驚かれた」など行動面での変化が語られたことからもわかるように，生活場面により主体的に関わり，より具体的で実行可能な方略を得るべく工夫している状態といえよう．大切なことはこれらが単に行動上の変化だけではなく，上述の内的な過程と連続性を持ち，その結果としての表れである点であろう．

◉5-4　結果２：事例Ｂ「難しい相談に上手に対応したい」

　Ｂさん（20代前半・女性）は，大学卒業後，非常勤の仕事をしながら，ボランティアで電話相談のカウンセラーをしている．そこで最近，怒りを表明する難しい相談者に対応することが増えており，困っていると言う．電話相談の枠組みとしては，１回20分で，利用は１人の相談者につき１回というルールがある．最初に電話を受けた時にそのルールを説明している．しかし，１人で何度も電話をかけてくる人もいて，リピーターと呼ばれている．その中には時間を超過したり，怒りをぶつけてくる人もいて，Ｂさんだけでなく他のカウンセラーも対応に苦慮している場合が多い．相談の枠組みを説明されただけで怒り出す相談者もいるという．研修を受けて知識や技術を得たり，他のカウンセラーの様子を見て学んだり，またカウンセラー同士で困ったことを相談し合ったりしているが，やはりどうしても恐怖心が起こってきてしまい，うまく対応できない．Ｂさんは今１年目だが，「ベテランのカウンセラーの方は上手に対応できていると思うので，どうやったら少しでも近づけるか，自分が役立っていると思えるか，相談したい」ということで協力者をしてくださることになった．その時の「怖さ」について語る時は表情が硬くなるが，全体としては，温かく柔らかい雰囲気をもった方である．

5-4-1. 事例Ｂの事前 PAC 分析（Pre-B）

（１）当該テーマに関する自由連想とクラスター分析

　扱いたいテーマについて尋ねると，Ｂさんは「怒りをぶつけてくる相談者に
どう対処したらいいか考えたい」と答えた．そこでそれに基づき，「相談者の
怒りに対処すること，のイメージについて，感じること，行動などを自由に連
想してみてください」というインストラクションを提示したところ，Ｂさんは，
7つの連想項目を生成した．クラスター分析の結果を図5‐3に示す．

（２）Ｂさんによるクラスター構造の解釈やイメージの報告

　クラスター1は，「ビクビクする」「逃げたくなる」「自分の無力さを感じる」
「まず謝ってしまう」の4項目で構成され，Ｂさんはこれを〈よくないところ〉
と命名するとともに，『自分が問題だと感じているところ．困ったとき，まず
出てくる感情，取ってしまう行動』と語った．クラスター2は，「怒り＝防衛
なんだと思う」「怒っている気持ちの背後にあるものを考える」の2項目から
成り，Ｂさんはこれを〈考えているところ〉と命名し，『勉強してきた中で，
考えようとするところ．相手は怒っているけれど，不安なんだ，とか．理解で
きて，汲み取れたら，うまく対処できると思う．自分も防衛というか，知性化．
心理学で勉強したことから考えている』と語った．そしてクラスター3は「電
話相談」の1項目のみで構成され，Ｂさんにより〈きっかけ〉と命名されると
ともに，『この4月から電話相談を始め，怒りをぶつけられた．それによって
欠点を自覚することになった，きっかけ』と説明された．

　またＢさんは，〈よくないところ〉と〈考えているところ〉の関係について，
『自分の反応として，似ている．〈よくないところ〉がより本能，感覚に近い．
それを感じて対処する方法が〈考えているところ〉．より意識して，こうしな
ければ，と思う部分．防衛』と語った．〈考えているところ〉と〈きっかけ〉
の関係についてＢさんは，『他にも相談員がいて，自分の相談を，見られてい
る．それは「守られている，アドバイスを受けられる」という面と，「おろお
ろしているところを人に見られたくない，うまくやらなきゃ，と思って辛くな

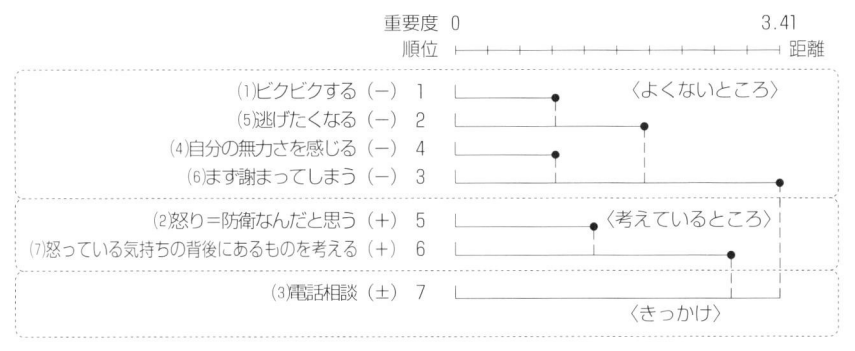

図5‐3　事例B「難しい相談者への対応」についての事前 PAC 分析（Pre-B）の樹形図

る」面とがある』と述べた.

（3）Bさんによる項目のプラスマイナスイメージの説明

　各項目がBさん自身にとって持つ価値を, プラスマイナスで答えてもらい, その理由を尋ねた. 各プラスマイナスの個数は, ＋が2個, −が4個, 0が0個, ±が1個であった. 項目「びくびくする」が−であることについては『マイナスはマイナスと思う. 仕方ないというか. そういう意味では受け入れているというか. いけないとは思っていないところはある, かな. マイナスはマイナスだけれど, 自分の生の感情をそこまで否定というか抑えるのも健康的でないと思って, で, どうするかというのを, 考えたいと思っているので. びくびくしっぱなしではいけないと思っているけれど, びくびくすること自体は, 否定していないって言うか, 自然な感じだと思っているというか』と語っていた.

（4）Bさんによる全体の解釈と感想

　とくになし.

（5）実験者による総合的解釈

　まず「びくびくする」が重要度1であることが目を引く. 他のすべてに優先して印象的な体験であったことが推察される. また,「びくびくする」のプラスマイナスイメージの説明からも, Bさんがとても恐ろしい思いをしながら,

同時になんとか自分の感情を受け入れようと努力している様子がわかる．「逃げたくなる」感じもありながら，逃げずに踏みとどまろうとしている．クラスター1はさらに「自分の無力さを感じる」「まず謝ってしまう」が集まっている．いずれも─の項目であり，辛い体験の中核をなしている．さらにこのクラスターが〈よくないところ〉と名づけられていることから，そういう自分をマイナスに評価していたたまれなく感じていることが理解される．こうしたことから，脅かされるような恐ろしい事態に遭遇し，専門家としての対応ができず無力感にさらされながら，踏みとどまろうとしている様子が表れている．

　クラスター2では，「怒り＝防衛なんだと思う」にみられるように，後から考えたり，専門家としての知識を駆使してそれに対応しようとしている．おそらく逃げ出したい自分を鼓舞しているに違いない．同時に＋の項目から構成されていることから，Bさん自身が評価できている部分でもあるといえよう．

　クラスター3では，クラスター2と3との関係の説明からもわかるように，「アドバイスを受けられる」というサポーティブな面と，「周りが見ている」という評価が気になる面との相克が表れている．ボランティアを始めたばかりで，心理的支援の専門家としてのポジティブなイメージのままにふるまえない自分を感じているようだ．それはしかしBさん自身も語るように欠点を自覚するきっかけにもなっている．

　以上より，クラスター1は【現実との直面】，クラスター2は【専門家としての対応の試み】，クラスター3は【修練の場】と命名できるだろう．

5-4-2. 面接のプロセス

（1）第1回面接

　Thが〈どのようなことについてお話ししたいですか？〉と尋ねると，「電話相談のボランティアをしているが，非常に攻撃的な相談者にうまく対応できていないことについて相談したい．主張するところは主張し，説明すべきことは説明するなどしていきたいが，却って怒りを増幅させてしまうようで，苦手

意識が強い」ということであった．さらにきくと，「相手の方の不安を受け止められないなど，まずい対応になってしまうことがあって，そのせいで怒りをぶつけられたりする．相談の時間や回数のルールが決まっていることに対して怒りを表す方も多い」とのことだった．

そこで Th は，そのような苦しい中で続けていることをコンプリメント（称賛とねぎらい）し，さらにリソースを探るため，〈電話相談のボランティアにどのような意義を感じているのでしょうか？〉と尋ねた．すると「人を助けたいという気持ちがある．今の状態は，もっと上手に相談を受けられるためのプロセスだと，希望を持って頑張っている」とのことだった．

そこで次に〈そのような希望の方向へ，次第に変わってきたことがわかる最初の小さなサインは何でしょうか？〉と訊くと，「怖い気持ちが多少あっても，相談者の状態を理解することで，自分自身を責めないでいられるようになること」という答えだった．さらに，「そうなれば，共感以外のさまざまな面接の局面に対応でき，感情を収めることができるようになって，落ち着いて面接できる」ということだったのでそれを目標とした．

そして「実は最近，うまくいった場合があった」と例外（問題が起きていない状況）が報告された．どのような状況であったかを尋ねると，「あなたの相談はここでは受けられないが，あなたの苦しみが少しでも軽くなるよう願っている」と相手の方に伝えたところ，通じたようだったという．そこで Th は，〈それができたのは，今までと何が違ったからでしょうか？〉と変化の背景を尋ねた．すると B さんは，第一に相談者の状態が比較的良かったことを挙げたが，そのうえで，びくびくせず冷静にルールを説明できたのは，周りのベテランの人たちに質問したりモデルとして倣ったからであることが語られた．「病理の深い人への対応にはまだ自信がない」とのことだったが，Th はそれを受け止めつつ，〈現実的な判断をしていますね〉と伝え，努力をねぎらった．

電話相談を始めたころを 1，病理の深い人にもたじろがずに対応できる状態を10として，スケーリングを尋ねると，「2.5」との答えが返ってきた．〈1 で

ないのは？〉とたずねると，「怒りに対して，自分が非難されていると感じるよりも，相手の方の悲しみや苦しみを多少みることができるようになったから」という．Th は繰り返し，B さんの努力をねぎらった．

　5分間ブレークをとり，そのあと感想を聴くと，「相談者のすべてを受け入れようとし過ぎていた．相手に合わせ過ぎていたことに気づいた」と語った．次回までの課題については，〈少しでもうまく対応できたことがあったら教えてください〉と提案し，その自信を10段階で尋ねると3という答えだった．

（2）第2回面接

　この1週間について，「難しい相談者からの電話はなかったが，中学生くらいの男子からのいたずらのような電話があった」とのことで，その時の様子が報告された．「若い人じゃないと（おばさんじゃ）話せない」などと減らず口だったが，なんとなく「かわいい」「人間らしい」と思えたと言う．そこでそのように変わってきたことの背景を尋ねると，「暴言や失礼な言葉でも，自分に言っているのではなく，『この人はそのように言いたいのだ』と考えられるようになったから」であると言う．その相談者の語りを聴いていたら，次第に「さびしい．仲間が欲しい」という方向へ変化し，最後に「話を聴いてもらえてよかった」と感想を言ってくれた．そしてそれを見ていた周囲のボランティアも，「よく対応できた」とBさんの成長を喜んでくれたと言う．それに対して「それほど難しいとは思わなかったが，もし相手の挑発に乗っていたら，うまく対応できなかっただろうし，挑発に乗らなかったのは自分でもよくやったと思う．少しは成長したかな」とのことだった．また「自分が落ち着ければ，相談者も落ち着けるだろう」と語った．

　スケーリングは，4．〈どうやってここまで上げましたか？〉と問うと，「経験と勉強」と答えた．ブレーク後の感想では「良い話ばかりしたようで，うれしくもあるけれど，まだそんなじゃない，恥ずかしい，と思う自分もいる．自信がないが，一方でそういう自分を認めてもいる」と語られた．さらに，Bさん自身が，電話相談に限らず，新しいことを始める時は慣れるのに時間がかか

るということが語られた．Th からは，ポジティブな面だけではなく物事を多面的にとらえられていることや，自分を受け入れていることに対してコンプリメントした．次回までの課題として，今回よい変化が見られたことから，〈今していることを続けてください〉と DO MORE（De Jong & Berg, 2007）の課題を提案した．

（3）第3回面接

　今回は難しい電話は受けなかったが，他のボランティアが大変な怒りの電話を受けていて，それを見ていてすごいと思ったという．自分なら疲れ果ててしまうだろうけれど，その人はその電話が終わった後も，平然と次の電話にも対応していた．後で「そういう電話，すごく苦手で」とBさんが話しかけたところ，「慣れだよ」と言われたという．

　さすがだと思ったが，一方でそういった落ち着いた対応によって，必ずしも相談者の悲しみや孤独感を救えるわけではないだろう，ということに思いをはせたと言う．どういう対応がいいのだろうか，改めて考えたことが語られた．

　〈最初の面接の時を1，落ち着いた対応ができる状態を10とすると，今は？〉とスケーリングを尋ねると，5か6という答えだった．「あと1，2年すれば，できるような気がする」という．そのために必要だと思うことを尋ねると，「まずは，マニュアルのような対応法をたくさん学ぶことが重要」という考えが語られた．

　そしてさらにその先に目標があるということなのできいてみると，「難しい，ボーダーラインのような人を癒すにはどうしたらいいだろうかということ，遠い目標だが，考えていきたいと思う」という．そのことについて Th と語り合ううち，やがて「高度な技術があって，なおかつ相談者を尊重できること」というイメージが浮かんできた．

　そこで次にそのようなイメージに少し近づいたとき，どのような違いが生まれているかについて尋ねると，「知識を学ぶこと」を挙げ，実際に過去に心理学が役立った例について語られた．

　ブレークの後，Th からコンプリメントとして，〈Ｂさんは大変努力家だと思いました．どんなことに情熱を持っているのか，興味をもって聴いていました．これから大切にしている大きな目標に向かって，決して平たんな道ではないと思いますが，どのように近づいていかれるのか，楽しみに思えました〉と伝え，面接を終えた．

　Th 自身の感想としては，当初は「どうやったら困難な電話を落ち着いて受けられるようになるだろうか」についての相談だったが，次第に「電話相談ボランティアとして理想的な対応はなんだろうか」についての話し合いに目標が移って行ったように思う．これは，当初の不安や恐れが和らいだことや，実際に応できたことに伴い，本来のＢさんの問題意識について考える余裕ができたためと思われた．

5-4-3. 事例Ｂの事後 PAC 分析（Post-B）

（１）当該テーマに関する自由連想とクラスター分析

　前回の面接で語られていた内容にそう形で，「難しい相談者への今現在の対応や，そこから連想されることについて，自由に書いてください」というインストラクションを提示した．Ｂさんは，７つの連想項目を生成した．クラスター分析の結果を**図 5‒4** に示す．

（２）Ｂさんによるクラスター構造の解釈やイメージの報告

　クラスター１は，「ある程度こちらが恐怖を感じるのは仕方ない」「扱っていく覚悟ができた」「失敗は恐いがゆっくりやっていけばよい」「怒りやその裏の孤独感をその人の病理の重さのせい or 私が未熟なせいで受けとめられず離れていってしまうこともあるだろう」の４項目で構成され，Ｂさんはこのクラスターを〈現状の受け入れ〉と命名し，『一番変化したところ．いろいろ失敗しながらも，やっていくしかない，という覚悟ができた．現状を受け入れた』と語った．クラスター２は「Cl さん（相談者．以下，同様）の怒りが何に対して向けられたものか考える」「難しいことだが，Cl さんの怒りの気持ちにはていね

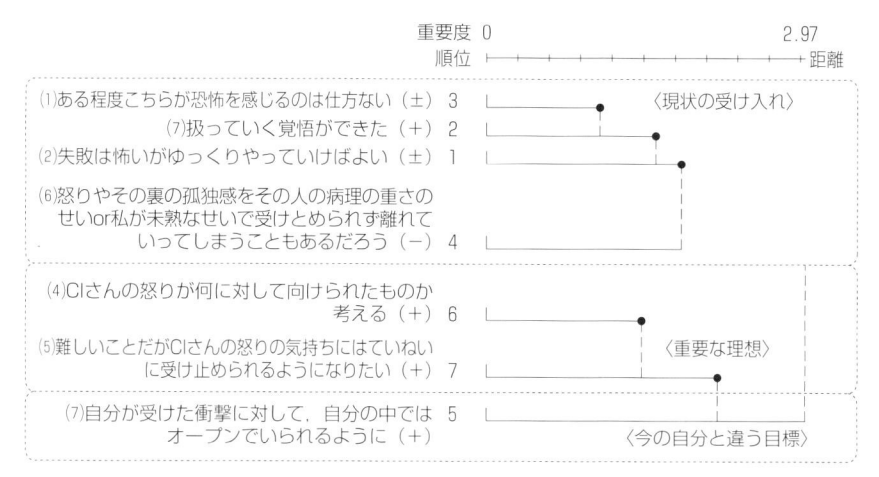

図5-4 事例B「難しい相談者への対応」についての事後PAC分析（Post-B）の樹形図

注：CIさん（ママ表記）＝本文中の相談者に対応

いに受けとめられるようになりたい」の2項目から成り，Bさんはこれを〈重要な理想〉と命名し，『怒りは何なのか？を考えて，重要なものとしてとらえたい．茶化したりせずに丁寧に真摯に対応したい理想あるいは目標』と述べた．クラスター3は「自分が受けた衝撃に対して，自分の中ではオープンでいられるように」1項目のみで構成され，Bさんはこれを〈今の自分と違う目標〉と命名し，『ロジャーズの真実性とか，そういうこともカウンセリングの中では必要なことで，怒りだけでなく，相手を判ろうとすると，自分と相反するものであることも，どちらも大事なこと．自分のためにも相手のためにも，到達したい．できるようになりたい，自分の中の生の感情にオープンな態度』と説明した．

また，Bさんは〈現状の受け入れ〉と〈重要な理想〉の関係について，『現状を受け入れて，理想に向かう，という関係』と語った．そして〈重要な理想〉と〈今の自分と違う目標〉について『互いに相反していて，バランスを取りたい』と語り，それと似た関係が〈現状の受け入れ〉と〈今の自分と違う目

標〉の間にもあると語った．

（3）Bさんによる項目のプラスマイナスイメージの説明

　各項目がBさん自身にとって持つ価値を，プラスマイナスで答えてもらい，その理由を尋ねた．各プラスマイナスの個数は，＋が4個，－が1個，0が0個，±が2個であった．理由の主なものとしては，項目1「ある程度こちらが恐怖を感じるのはしかたがない」が±であることに対して，『ある意味開き直った態度で．過剰に恐怖を感じているだけで何も見えなくなったらマイナス．クライエントを理解するための材料として，恐怖を感じるならプラス．自分もそれをぶつけられたときには，恐怖を覚えるという意味では正統，妥当』と説明している．また重要度1の項目「失敗は怖いがゆっくりやっていけばいい」に対しては，±であり，その理由は『項目1（ある程度～）とほぼ同じ．自分を長い目で見ればいいが，ゆっくりやることなんだけれど，その過程で確実に傷つけてしまう人もいるかもしれなくて，そういう人にとってはマイナスかな』と述べた．項目3「自分が受けた衝撃～」が＋であることについて『専門的援助にとって必要なこと．普段の対人関係でもこうできたら．苦手なこと．相手にうまい形で出して，責めるのではなくオープンにする．それが援助でもうまくできれば専門家としても成熟したことになるのでは』と説明がなされた．そしてただ1つの－である項目6「怒りやその裏の～離れていってしまうこともあるだろう」については，『こういうことってある．クライエントの傷つき体験を強化してしまう点で，失敗．自分の成長のためにはプラスだけれど』ということだった．

（4）Bさんによる全体の解釈と感想

　人に話を聞いてもらえるっていい．問題のとらえ方が変化した．面接のやり方はそんなに変化はないかもしれないが，距離をもって問題を見られる視点が強くなったと思う．PAC分析は，自由に話すのよりは，少し不自由な感じがする．

（5）実験者による総合的解釈

　ただ 1 つの － の項目は，「(相談者が) 〜離れていってしまうこともあるだろう」であり，自分の感情よりは相談者への支援が適切に行われているか否かについてのものである．援助者としての自分の行動を懸念している．そして重要度 1 の「失敗はこわいがゆっくりやっていけばよい」を中心として，重要度の高い項目によって〈現状の受け入れ〉というクラスターがまとまっている．恐怖を感じてしまう自分自身に対して，「仕方ない」と感じ，距離を置いておちついて眺めている現在の状況がみてとれる．クラスター 1 では，できないていないところを「仕方ない」と認め，それを扱っていく覚悟ができた状態といえるだろう．

　クラスター 2 では，「できていないところ」をより落ち着いて見られるようになったことにより，何を目指せばよいのか，それが明確になってきた様子が表れている．具体的に，相談者の怒りに対してどのように対処できればいいのか，その望ましい形が述べられている．

　クラスター 3 ではさらに，「自分の受けた衝撃にオープンでありたい」という理想が語られている．そしてそれを〈今の自分とは違う目標〉と名づけている．今現在はオープンではいられないと感じているということであろう．同時に，クラスター 2 との関係でも語られていたように，相談者に寄り添い理解することと，自分自身の感情にオープンであることの相反する側面にも目が向けられている．

　以上より，Post-B では，できないことに直面し，それを客観的に眺めることにより，以前は漠然としていた支援者としての自分のイメージが明確になった状態といえる．同時に，できるところから自主的に関わっていこうという状態へと変化しているといえる．以上の考察から，クラスター 1 は【課題点の認識と関わる覚悟】，クラスター 2 は【専門家として今すべきこと】，クラスター 3 は【より高度な専門性】と命名することができるだろう．

5-4-4. 実験者による Pre-B と Post-B の比較と考察

　事例Aと同様，第4章でまとめた表4-1の視点を参考に，Pre-B と Post-B の比較と検討を行う．項目数は7で変わらない．しかし，項目の記述が Pre-B では「逃げたくなる」など短かったのに対し，Post-B では全体的に明確に詳しくなっている．イメージが明確に具体的になってきたことが推測される．

　また項目のプラスマイナスイメージの数を指標として，Bさんがが事態を好転したと感じているかどうかを知ることができる．項目数が7で同じである中，プラスマイナスイメージの変化は，－が4個から1個へと減少し，＋が2個から4個，±が1個から2個へと増加し，0は0個のまま変わらない．よって－というネガティブなものが減少し，＋というポジティブなものが増加していることから，問題に対する評価が好転したことがわかる．なお±はその性質上，場合に応じて意味を解釈した方が有用である．Pre-B では，「電話相談」の場に対して「アドバイスを受けられる」場であり，かつ「他者の評価が気になる」場として，いわゆる両価的な感情を表していたと思われる．一方 Post-B では，恐怖を感じ，失敗もするであろう自分に対する，ある程度仕方ない，というとらえ方の表れであり，いわゆる自己受容ともとれる．よってその増加は改善の指標と見ることができるだろう．

　それでは問題への認識と関わりにはどのような変化が見られるだろうか．Pre-B では，〈よくないところ〉やその出現場面としての〈きっかけ〉がイメージされ，それをなんとか変えようと〈考えているところ〉が見られていたが，Post-B では，現状を冷静にとらえるクラスター〈現状の受け入れ〉が出現している．現状を否定したり混乱せずに認識している様子がわかる．

　同時に，Pre-B では，〈よくないところ〉としてまず重要度1，2の項目が「びくびくする」「逃げたくなる」など『問題と感じている，まず出てくる感情，取ってしまう行動』となっていたが，Post-B の〈現状の受け入れ〉では重要度1，2の項目が「失敗は恐いが〜」「扱っていく覚悟〜」に変化し，Bさん自身も『一番変化したところ』と語っていることから，自らが問題に影響を与

えていることを認識し，それを実行していこうという構えが生じていることがわかる．

　そしてこうしたことを現実場面において自ら進んで行動し，より具体的で実行可能な方略を得て実行しようとしている．Post-B の〈重要な理想〉について『怒りは何なのか？を考えて，重要なものとしてとらえたい．茶化したりせずに丁寧に真摯に対応したい』，〈今の自分と違う目標〉について『自分の中の生の感情にオープンな態度』と述べていることから，具体的な方略ではないが，望ましい対応のイメージに近づいたことがわかる．

　そして試行面接の中では，実際に困難な相談者に対応できている様子が語られた．

　これらの変化はＢさんの認識の変化を背景としている．Post-B では，『失敗しながらも，やっていくしかない』という失敗の意味のとらえなおしや，『失敗は恐いがゆっくりやっていけばいい』と，相手にとってのマイナス面と自分にとってのプラス面を同時に見ている点，また〈重要な理想〉と〈今の自分と違う目標〉の関係が互いに相反しながらも，両方重要なものとしてバランスを取りたいと考えている点に，変化が現れている．問題をとらえる枠組み，意味づけが変化したといえ，問題への認識の変化がみられる．

　同時に，Pre-B に「電話相談」があり，問題場面がリアルに連想されているのに対し，Post-B ではそれが消失していることから，問題へのとらわれが減少していることがわかる．これは Post-B 後の感想で，『問題のとらえ方が変化し，距離をもって問題を見られる視点が強くなったと思う』と述べていることとも符合する．

　最後に Post-B では，Ｂさん自身の時間軸が，かなり明確な形で未来へと変化している．〈重要な理想〉に未来の目標が，〈今の自分と違う目標〉にはさらに今とは違う自分が現れている．前者についてはクラスター命名時の説明『怒りは何なのか？を考えて，重要なものとしてとらえたい．茶化したりせずに丁寧に真摯に対応したい』に，また後者については項目「自分が受けた衝撃に対

して，自分の中ではオープンでいられるように」のプラスマイナスイメージ説明『自分の普段の対人関係の場面で，こうできたら，苦手なこと．それが援助でもうまくできれば有効になるのでは．専門家としても，成熟したことになるのでは』に，未来への視線が現れている．

　以上より，Pre-B と Post-B の比較から，以前はあいまいだった支援者としての自分のイメージが，対応困難な相談者との遭遇をきっかけに明確になり，何をすべきかがわかってきた状態へと変化してきたといえるだろう．これは問題への，さらには世界への認識の変化といえる．そしてそれは到達点というよりは，これから目指していきたいイメージへ向けて動き出すための足がかりと言ったほうがよさそうである．これからの動きは決して楽だったり成果が保証されていたりするものばかりではないだろうが，少なくともそこに自ら進んで関わっていこうという覚悟をＢさんが感じていることは確かなようである．このような世界への関わりの変化が，あらわれている．

◉5-5　2つの事例に関する考察

5-5-1.「問題への認識」と「問題への関わり」について

　以上，個人が問題に対する認識と，問題への関わりを心理療法を通じてどのように変化させるのかについて検討してきた．その結果，2つの事例に共通して，問題への認識と，問題への関わりに変化がみられている．そこで以下に整理を試みる．

（1）問題への認識

　まず，①「問題への評価」が挙げられるだろう．これは端的に，－の項目の減少，もしくは＋の項目の増加という形で表れる．Aさんの場合，Pre-A では全10項目中－の項目が4個，＋の項目が2個であったが，Post-A では全7項目中－の項目数が1個，＋の項目が3個であった．またＢさんの場合，Pre-Bと Post-B で項目数が全7項目と変わらない中，－が4個から1個へと減少し，

＋が 2 個から 4 個と増加している．協力者が，事態が好転したととらえている
ということである．

　次に②「具体的な対処方略を見いだす」という点が挙げられる．A さんの場
合，Pre-A では，困った事柄が散在しているイメージだったが，Post-A では
それはみられなくなり変わって，「考え方」についての項目「流れる」と「考
える」，「対処法」についての項目「行動する」が出現している．B さんも，
Post-B で〈重要な理想〉や〈今の自分と違う目標〉について語っている．2
名とも，どうしていいかわからない状態から，具体的なイメージが見える状態
へと変化したといえるだろう．これは，この後の「問題への関わり」へとつな
がる部分でもある．

　続いて，③「意味づけ」の変化が挙げられる．これは，①「問題への評価」
に現れた，「事態が好転した」という評価だけではなく，問題への認識の質的
な変化であり，物事を認識する枠組みそのものの変化である．たとえば以前は
見えなかったものの大切さに気づいたり，ネガティブだと思っていたもののポ
ジティブな面，逆にポジティブだと思っていたもののネガティブな面に気づか
される体験である．A さんでは「大切なもの」に気づくとともに，「考える」
ことは好きだけれど，それだけだと行き詰まることなどを発見している．また，
B さんの場合は，今まで苦痛に感じていた経験にも，これからの礎としてポジ
ティブな意味を見出したり，目指したい理想像にも相反する面が存在すること
に気づいたりしている．

　それとともに，④「とらわれ」の減少も見られる．A さんは，『面倒くささ
は変わらないけれど以前より軽くなった』と語っている．また B さんは，「電
話相談」という項目が消失し，『距離を持って見られるようになった』とのべ
ていることからも，気にならなくなっていることがわかる．

　そしてその上で，本人の意識の中での⑤「時間の方向」も過去から現在，あ
るいは未来へと変化しているようだ．A さんは〈一歩踏み出す〉という項目に
それが表れているし，B さんの場合も，クラスター名に理想という言葉を何度

も使っていることから，それが理解される．

　以上のように，問題への認識としては，評価がポジティブになって具体的な対処方略を見出せるようになり，新たな意味を見出し，とらわれが減って未来を意識するように変化が見られたといえるだろう．

（2）問題への関わり

　次に，問題への関わりはどのように変化したであろうか．

　まずは①「現状の受け入れ」という形で，今起こっていることをそのまま受け取る姿勢がみられている．Aさんは『面倒だと思うと何も得られないのでよくない』と述べている．そしてBさんも，Pre-B ではなんとか対応しようと四苦八苦していたが，Post-B ではそれを冷静にとらえ，『よくないところ』だとしている．人は苦しい事態そのものよりも，苦しい事態を否定したり受け入れないことのほうにむしろ，苦痛を感じるといわれる．現状を受け入れることは，自らその苦しみから解放され，冷静に問題に向かっていくための第一歩と言えよう．また，これは「問題への認識」とも関わる部分であるが，「受け入れ」という行為を自ら選択する動きがみられることから，「問題への関わり」に含めることとした．

　それとともに，②「変化の主体」としての動きもみられる．Aさんは，考えすぎてとらわれているだけではなく，とにかく一歩踏み出して行動していこう，という意図が見られ，Bさんにも，逃げるだけではなく覚悟を決めた様子が見られる．このように，目に見える具体的な行動に結びつく以前の，新たな世界へ踏み出していこうとする力，行動の原動力がみられている．これを，主体性とみなしてもよいのではないだろうか．

　この原動力から，③「主体的な選択」が起こってくる．その根拠となるのは，各人の嗜好（preference: Walter & Pellar, 2000），あるいは大切だと思う価値である．Aさんは，「流れる」ことへの嗜好を語っている．Bさんにとっては，さまざまな理想が重要な要素である．『好きだ』『あんなふうになりたい』と願う力，主体性が原動力となり，行動を選び取り，実際に行動にうつしていくこと

になる．

　そして実際に，④「現実場面における主体的行動」が生まれる．AさんもBさんもともに，3回の試行面接後に，最初の目標に沿った変化を起こし，行動している．

　以上より，「問題への関わり」は連続して，一連の動きを形成しており，それは特に②〜④のつながりにおいて顕著である．その背景には「主体性」とも呼ぶべき原動力の存在が仮定され，主体としての変化に向けての動きが起こっているようだ．そこで次節において，「主体としての動き」について検討する．

5-5-2.「主体としての動き」について

　この考察を通して，問題を認識し関わる，個人の動きが見えてきたように思う．

　事例Aでは当初，何か別のことに時間を割きたいという事情があって，Aさんは目の前の事象に関わることに意味を感じられなかった．そのため片づけは面倒くさく，人との関係にも前向きになれないところがあった．それが試行面接後のPost-Aでは，もともと持っていた「考える」ことが好きというリソースが，面接で得られた「流れる」感覚によってうまく機能し始めた．考え過ぎて行動できない状態から，考えることと流れることのバランスによって目の前の事象にも対応できるようになった．それによって人の集まりにも出たり，片づけをして母親を驚かせたりしている．

　一方事例Bでは，Pre-Bでは扱いが難しい相談者からの攻撃に恐怖や無力感を感じて逃げ出したくなっている様子が表れている．それでも支援の専門家として，知識というリソースを活かし，なんとか持ちこたえている状態であった．しかし試行面接後のPost-Bでは，怖いという気持ちに距離をとって向き合い，誰にでもある仕方がないことと冷静にとらえることにより，怖さに圧倒されなくなり，自分の現状を受け入れていた．そしてその感覚を足がかりとして，支援の専門家としてのあるべき姿に向かって努力していこうという未来への姿勢

が見られた.

　このように，2つの事例はそれぞれの展開を見せたが，ネガティブな感情から生じる認識や関わりの連鎖が不適応的行動を生んでいる状態から，適応的な行動選択が行える状態へと変化している点では，共通している. ところでフライダら（Frijda, Kuippers, & ter Schure, 1989）は，「個人が環境との相互作用に携わる上での準備または非準備状態」であるアクション・レディネスを想定し，「逃げる」などの一見消極的な行動も，「引きこもる」などの行動の抑制も，また意識に上らない場合も含めて，個人は自らすべてを選択していると述べている. つまり，個人は感情が生起すると，アクション・レディネスなどの中間のプロセスを経て，行動を選びとったり行動しないことを選んだりするということである. 2つの事例でみられた，ネガティブな感情の生起から行動選択までの動きも，その間にアクション・レディネスのような，いわば中間状態を想定することにより，同様にとらえられるのではないだろうか.

　本章での検討により，「問題の認識」と「問題への関わり」のつながりは，「内外からの刺激に対応するための主体による行動選択とそこに至るプロセス」と見ることができる. この一連の動きの原動力を，ここでは主体性と定義する. そして，この原動力から生まれる上述の「内外からの刺激に対応するための主体による行動選択とそこに至るプロセス」を，「主体としての動き」と定義する. なお，このプロセスの結果として選択された行動は，不適応的である場合も適応的である場合もありえる. また一見消極的に見える行動についても同様に考える. ここでさらに主体的であるとは，「個人が行動選択の主体であることを自覚し，適切な結果に結びつくよう主体としての動きを働かせること」を意味するものとする.

　ところでフライダ（Frijda, 1986）は，「ある感情を感じた時，続いて選択される行動は状況によって異なる」とも指摘している. 2つの事例において，内的な刺激としてのネガティブな感情を契機とした主体性の動きが，心理療法を通じての感情の変化に伴い，クライエントの目標に照らし合わせてより適切に変

化したといえるだろうか.

　事例Aでは，面接を通じて「流れる」ことのイメージを獲得したり，「面倒」
という感じ方そのものが軽くなったりしている．そして「面倒」と感じたとき
にも，「流れる」こと，つまり行動を起すように変化している．また，事例B
では，相談者の怒りを「怖い」と感じた時，面接前には「ともかく謝る」など
の回避的行動をとっていたが，面接後には「怖さ」を感じることは妥当と認め，
むしろそう感じる現状を受け入れ対処を考える方向へと変化している．よって
協力者の感情から行動選択へのプロセスである主体としての動きは，心理療法
を通じて変化し，それらはより適応的になったと言える.

　ところで本章では，面接開始当初の主訴がある程度解消し，協力者もその変
化を認識したケースについて検討した．しかし実際の相談事例では，クライエ
ントが変化を感じ取れない場合もある．その場合は，「問題への認識」と「問
題への関わり」はどのように変化しているのだろうか，課題が残された.

　そこで次章では，協力者から「変化が見られない」と報告されたケースにつ
いて，「問題への認識」と「問題への関わり」の変化を，本章の検討事例との
相違点および共通点という点から考察し，主体としての動きを検討する.

第6章　変化を感じられないと報告された事例

◉6-1　目　的

　本章では，変化が見られないと報告があった事例について，「問題への認識」と「問題への関わり」を検討する．そして第5章と比較することにより，変化が報告された事例とどのように異なるかを探索的に検討する．クライエント自身が望む変化を得られたと実感できるために必要な条件を明らかにする．

　面接の内容にクライエントが満足できないと，場合によっては中断という事態を引き起こす．これは，支援を継続できないことを意味し，避けなければならない．そのためにも，失敗から学ぶ機会は有効な面接を検討する機会となり貴重である．このケースを協力者が改善したと感じた場合と比較することにより，何が起こっているのか，何がその要因となりうるのかを知り，それを避けるためにセラピストがとれる対応についての示唆を得ることができる．本章では，この点についても検討する．

　なお本章では第5章と同様に個別の事例を扱うため，守秘を鑑み，記載に当たっては事例の本質を損なわない範囲で変更を行った．

◉6-2　方　法

　協力者は，本書の趣旨に賛同した，問題を抱えた健常者である．手続きおよび倫理的配慮については，第5章と同様である．

●6-3　結　果：事例 C「自分の気持ちを変えたい」

　2 回目の試行面接後に「変化がない」と申し出たために，話しあって面接を終了した 1 人である C さん（20 代後半・女性）を今回の分析の対象とする．C さんは，大卒後就職し，転職している．現在の仕事で調査研究をしているが，なかなか思うように進捗しないという．そもそも自分が研究するということに向いていないのではないかと思うし，他の人の大変な様子も知っていたので，余計に自分にできるようには思えないという．しかし，「怠けて自分を甘やかしているようにも思えて，できれば研究する方向に自分の気持ちが変わればいいと思っている．そのためには何かイメージがわくと良いと思う」とのことで，今回協力者をして下さることになった．にこやかな中にも芯の強さを感じさせる印象の方である．

6-3-1. 事前 PAC 分析（Pre-C）

（1）当該テーマについての自由連想とクラスター分析

　まず最初に扱いたいテーマについて尋ねると，C さんは「これからの研究のイメージを明確にし，自分や家族の生活も含めて，将来について考えたい」と答えた．そこで，それに基づいて"これからの研究のことについて今現在抱いているイメージとか，それにまつわる周りの人との関係や，C さんご自身がそれに対してなさっていることややってみようと思うことなど，イメージされることを，自由に書いてください"というインストラクションを提示したところ，C さんは，8 個の連想項目を生成した（図 6-1）．

（2）C さんによるクラスター構造の解釈やイメージの報告

　クラスター 1 は，「研究とは何か特別なもの～」「今はもっと～遅くない」の 2 項目から構成され，C さんはこのクラスターを〈今の自分にはできない〉と命名した．クラスター 2 は「やらなくてもいい口実ばかり探してしまう」から

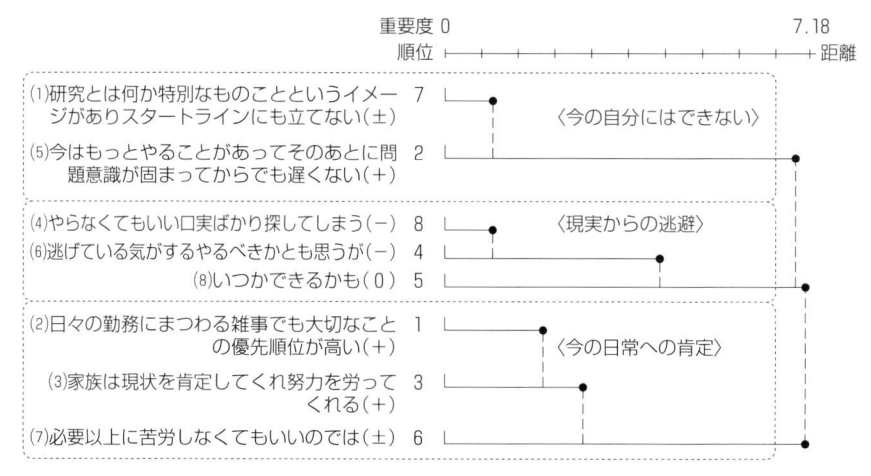

図6-1 「研究のイメージ」についての事前 PAC 分析

「いつかできるかも」までの３項目で構成され，〈現実からの逃避〉と命名され，『よく考えると現状を脅かすものなので考えたくない』と説明された．クラスター３は「日々の勤務にまつわる雑事〜」から「必要以上に苦労しなくても〜」の３項目からなり，Ｃさんはこれを〈今の日常への肯定〉と命名し『周りから求められることは果たし，それなりにやれている，自己肯定感』と説明した．

　〈今の自分にはできない〉と〈現実からの逃避〉については『意外と近い．いずれ逃げなくなるかもしれない』とのことだった．〈今の自分にはできない〉と〈今の日常への肯定〉の関係について尋ねるとＣさんは『どちらも時間軸で，クラスター１は将来，３は現状．似ていない．離れている』と答えた．〈今の日常への肯定〉と〈現実からの逃避〉については『対照的でアンビバレント，矛盾している』と述べた．

（３）Ｃさんによる項目のプラスマイナスイメージの報告とその理由

　プラスマイナスイメージの個数は，＋が３個，−が２個，０が１個，±が２個であった．その理由についてＣさんは，「研究とは何か特別なもの〜」の±

について，『特別だから出来ないし仕方ないけど，それを肯定していいものか
という疑問もある』，「日々の勤務にまつわる雑事〜」が＋であるのは『自分以
外にはできないし，いやというわけではない』，「家族は〜」が＋なのは『時々
揺らいでしまうので，家族のひとことで落ち着ける』，「必要以上に苦労しなく
ても〜」が±であるのは『苦労しなければいけない，でも辛いよね，とどっち
もどっちなので』，「やらなくていい口実ばかり探してしまう」の－について
『うしろめたいので』，そして「いつかできるかも」が０なのは『信じているわ
けでもないし，消極的』と説明した．

（4）実験者による総合的解釈

　最初に生成したクラスター1では，研究を今の生活の文脈から離れた遠いも
のととらえている．それを〈今の自分にはできない〉と命名したことから，未
来と対比して現在をとらえていると言えよう．そこでクラスター1を【研究へ
の距離感】と命名する．クラスター2はＣさんによると〈現実からの逃避〉で
あるが，この中には，項目の内容からも，やらなくてもいい口実をさがしなが
ら，やるべきかと迷っている矛盾と悪循環が見て取れる．また，項目のプラス
マイナスイメージがこのクラスターのみ－と０だけであることからも，逃避す
ること自体をよしとしていない様子がわかる．そこでクラスター2を【逃避す
ることに対する葛藤】と命名する．

　クラスター3〈今の日常への肯定〉は，Ｃさんにとって安心できる現状を表
しており，【今の生活の安心感】と命名する．『クラスター1とはとても遠い』
と言っていることからも，『意外と近い』クラスター1，2と異質な対比する
イメージととらえており，肯定しきれない様子である．

　また，【今の生活の安心感】が他の2つと大きく異なっているとＣさんが感
じていることから，今の状態を肯定したいがそれができないと感じていること
が理解される．クラスター2と3の結節「必要以上に苦労しなくてもいいので
は」の±は，『苦労しなければと思うが，でもそれもつらい』という葛藤を表
していると思われ，Ｃさんが抱えている葛藤の背後に『苦労しなければ』とい

う信念があることがうかがわれる.

　【逃避することに対する葛藤】の「いつかできるかも」が【研究への距離感】へと結びついているイメージを，Cさんが語っており，これは『苦労しなければ』と考えて葛藤し，これら2つのクラスターの間で，悪循環が起きている可能性を示唆している. このことは，「いつかできるかも」のプラスマイナスイメージが0であり，またCさん自身『信じているわけでもないし，消極的』と語っていることからも，信じたいけれど信じきれないという気持ちや，『苦労しなければ』という信念が，悪循環を誘発し継続させている可能性が考えられた.

　まとめるとこのときのCさんは，研究に距離を置き，家庭と仕事を大切にしている現状を肯定し安心したいが，そういう自分が逃避しているように思えて肯定できず，葛藤している状態といえるだろう.

6-3-2. 面接のプロセス

　第5章と同様，筆者を Th であらわし，Th の言葉を〈　〉，協力者の言葉を「　」でくくって示した.

（1）第1回面接

　最初に〈どのようなことで？〉とたずねると，「研究に力を注がなければと思うが，もともと特別なもので自分にはできないという思い込みがある」とのことだった. そして「それでいい」という気持ちと，「それでいいのかしら」という気持ちとのせめぎ合いであるという.

　「そもそも自分は欲がないと思う」と語り，「こういう状態を，変えたいとか，変えられるとも思えない. でもなんでも意欲的でありたいと思っているが，そこそこのところで満足してしまうことに不全感がある」「何かを成し遂げる人は，良い意味で，なりふり構わずにやるということだと思うが，自分にはそういうところが足りないと思う. それが私の能力の限界なのかな」と語り，いろんな葛藤を抱えている状態であることが推察された.

　Th が，〈不全感があるということですが，そのような感じが，どのように
なればいいと思いますか？〉とたずねところ，「寝食を忘れて打ち込むイメー
ジ．自分にないもので，うらやましいと思う」という．「常に自分の前にハー
ドルを作って飛び続けられる人は，うらやましいし，才能だと思う．自分はい
つも無理のない飛べる程度の高さを設定している」とのことだった．

　そこで Th が〈変わりたいと思っているかどうかわかりませんが〉と前置き
しつつ，〈もし変わってくるとしたら，今とどう違うでしょうか？〉と尋ねる
と，「飛べるか飛べないか，くらいのハードルを設定するようになる」という
答えだった．

　その後，「周囲から『そこそこであること』を望まれ，自分でもそれを受け
入れてきて，それ以上踏み越えてやることは自分には無理な気がする」という
今までの経緯が語られた．そこで Th はそれを肯定し，〈今の C さんはすごく
自然に，今までの人生でバランスをとってきたのではないでしょうか？〉と伝
えた．すると，「今は良くも悪くも大人になり，落ち着いた感じがする」と語
った．「今までも，良くも悪くも周りを見ながら一歩一歩やってきた．良いと
ころでもあるし，不全感を感じるところでもある」という．それによって得ら
れたことを尋ねると，「多くの友達を得られ，家族も大切にしてこられ，基本
的な信頼，人とつながっている感じが得られて，幸せでいられると思う」と答
えた．そして，「普通のことを普通にできること，バランスを欠かないことが
大切」という価値観が語られた．

　ブレーク後の振り返りでは，「今までも人を大切にすることで，自分を大切
にしてきたし，それでいろんなことを形にできたことを思い出した」と語った．
Th からは，周囲の人々との間でバランスを大切にしながらやって来て，いろ
んなことにエネルギーを注ぎ，またどこにエネルギーを注いでいるかに自覚的
である点をコンプリメント（ねぎらいと称讃）した．次回までの課題として，
〈困っていないとおっしゃるので課題を考えるのが難しいですが，次回までに
よかったことがあったら教えてください〉と提案した．

（2）第2回面接

　前回の課題である「よかったこと」について．「友人の結婚式があった．以前ならいろんな人たちと会うと，動揺してしまっていたが，今回は落ち着いていられたところが違ってきたと感じた．よかったと思った」という報告があった．また，あまり普段一緒に買い物に行くことのない夫と買い物に行き，敢えてお互いに苦手なものに自分をならしてみたことなどが語られた．

　そこで Th は C さんにとって大切なことの意味を知るために，結婚式のエピソードについて具体的に尋ねた．すると，「以前なら華々しく活躍している人を見て，『私は大したことがない』と感じていたが，今は，彼女たちは彼女たち，自分は自分でこんな感じと，割り切っていられる」という答えだった．そしてそうなってきたのは，「前は無い物ねだりをして，焦りがあったが，今はやるべきことがあって，大切なことがわかる．自分は自分だと，そういう自覚というか実感がある．前回の話に通じるが，良い意味で大人になったと思う．日常の小さなことも，いずれ血や骨になる，という楽観的な感じがある」からであるという．そして，瑣末なことに満足できるのは，先の展望があり，続けていけばいい，という漠然とした予測があるからということだった．

　そして「実は，大学進学も就職も，自分のことなのにあいまいに決めてしまい，居心地悪く感じていて，数年前思い切って転職した」という過去の体験への思いが語られた．今は周囲を気遣いながらも，自分は自分という自覚があるという．こうした展望ができてきたのは，敢えて会社を辞めて，自分の力で状況を全部ひっくり返したことが大きな転機となったという．

　ブレーク後の振り返りでは，「今取り組んでいること，思い返すと幼稚園のころから思っていたことだった」と語られた．Th は，C さんがやっとつかんだ今の方向性を変えたくないことを，再確認しておられるように感じた．そして周囲の人々の思いやその人たちとの関係を尊重し守っていきたい中で，少しずつ自分の思いをかなえる方向へ動きながらも，自ら全面的に肯定することには何か引っかかりを感じておられる印象を受けたが，伝えずにとどめた．

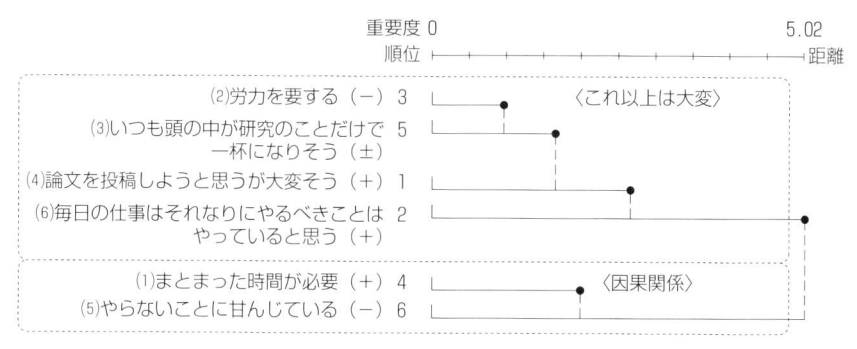

図6‑2　「研究のイメージ」についての事後 PAC 分析

　第2回の面接後，「結構話すことによって満足したが，それで状況は多分変わらないだろうしそれでいい」という感想が語られた．そのため，今回で面接は終了ということとした．スケーリングを尋ねると，生活にはほぼ満足しているが，最初の主訴に関しては「変わらないので」6という答えだった．

6‑3‑3. 事後 PAC 分析（Post‑C）

（1）当該テーマについての自由連想とクラスター分析

　2回目の面接の感想から，Cさんは「あまり変わらない」と感じているとのことなので，その状態に合わせる形で“今現在，研究について，周りの状況について思っていることのイメージを，書いてください”というインストラクションを提示したところ，Cさんは，6個の連想項目を生成した（図6‑2）．

（2）Cさんによるクラスター構造の解釈やイメージの報告

　クラスター1は，「労力を要する」から「毎日の仕事はそれなりにやるべきことはやっていると思う」までの4項目から構成され，Cさんはこのクラスターを〈これ以上は大変〉と命名し，『項目同士が似ているとも思えなくて，バラバラ』と述べた．クラスター2は「まとまった時間が必要」と「やらないことに甘んじている」の2項目からなり，Cさんはこれを〈因果関係〉と命名した．その理由は，「まとまった時間が必要」なので「やらないことに甘んじて

いる」というつながりがあるからだという.

　〈これ以上は大変〉と〈因果関係〉の関係について尋ねるとＣさんは『似ていて, 同じことを似通った言い方で表現している. あまり矛盾していないし, クラスターが分かれていない感じ』と答えた.

（3）Ｃさんによる項目のプラスマイナスイメージの報告とその理由

　プラスマイナスイメージの個数は, ＋が3個, −が2個, 0が0個, ±が1個であった. 符号の理由についてＣさんは, 「労力を要する」の−については『他のことがおろそかになる』,「いつも頭の中が〜」が±であるのは, 『まい進する人は魅力的だが, 自分がそうなったら生活が大変』,「論文を投稿〜」の＋については『前向きに鼓舞したい』,「まとまった時間が必要」の＋については『逃げる口実なので』と説明した.

（4）2つの樹形図を比べての感想

　『後の方が表現が平易になっている. 事前テストは掘り返して書いたが, 今日は素直に書いた. 割合シンプルに受け止めていて, 私は私と思う. やるべき時が来たらやる. 今やりたいことを, やりたいと思うようにやりたい』と感想を述べたことから, 実生活においては目に見えた変化がないが, そのことに対する感じ方が変わったことが理解された.

（5）実験者による総合的解釈

　クラスター1では「労力を要する」ことはマイナスイメージであり, 邁進しているように見える他者と自分を比較して「いつも頭の中が研究のことだけで一杯になりそう」,「論文を投稿しようと思うが大変そう」と考えている. ここには変化を起こすことへのためらいが表れており,【現状維持志向】と命名できるだろう.

　これに対し, クラスター2では【現状維持志向】を受けて, 研究のためには「まとまった時間が必要」であることを認め,「やらないことに甘んじている」という結論に至っている. Ｃさん自身が〈因果関係〉と述べているように, クラスター2内の2項目の関係は, 直線的因果律による帰結であり悪循環ではな

い．それは「まとまった時間が必要」という現状をプラスにとらえたうえでの
ものであり，『苦労しなければ』という信念が現状に合わないことを認め，と
らわれなくなりつつある状態と言えよう．そこから到達する「やらないことに
甘んじている」という結論はマイナスイメージであり，どこか後ろめたさが残
るのだが，自然にそこに落ち着いている様子がわかる．以上よりクラスター2
は【安定することの肯定】と命名することができる．

　そして「毎日の仕事は〜それなりにやっている」と現状の肯定を表す項目が
＋で，両クラスターの結節になっている．それぞれのクラスター内にプラスの
項目とマイナスの項目があり，それぞれに葛藤が見られるが，全体としてはあ
まり感じられなくなり，平穏になっている様子がうかがえる．また，【現状維
持志向】の項目「論文を〜」の重要度順位が1で評価が＋である点からも，論
文投稿をプラスに評価しており，心残りとなっていることを以前よりもはっき
りと意識できるようになっている様子である．以上より，『苦労しなければ』
という信念から離れ，現状を肯定し，悪循環がなくなる一方で，小さい葛藤を
抱えつつ，心残りとしてとらえているのが，このときのCさんの状態といえる
だろう．

◉6-4　変化が見られない事例についての考察

　以上を踏まえ，第4章で表4-1にまとめた比較の指標も参照しながら，
Pre-CとPost-Cを比較し，問題の見方の変化を検討する．

6-4-1. 変化が見られない，あるいはあまり変わらない点

　項目のプラスマイナスイメージは，＋が3個，−が2個のままで，状況への
評価には変化がない．他にPre-Cでは「勤務」にかかわる項目が重要度順位
1，Post-Cでは「仕事」にかかわる項目が重要度順位2で，いずれもプラス
イメージである点から，Cさんの生活の中で日々の仕事の優先順位が変わらず

高いことがうかがえる．

6-4-2. 変化が見られた点

　項目数が 8 から 6 に減少し，項目が全体的に短めになっていることや，Ｃさんの感想からも，変わらない状況をシンプルに受け止めている点が変化しているといえる．

　唯一評価が 0 であった項目「いつかできるかも」が消滅し，防衛的態度がやわらいだ可能性が見受けられる．さらに Pre-C では「やらなくていい口実〜」が－イメージで重要度順位が最下位の 8 であるが，口実に類似した項目がPost-C の「まとまった時間が必要（だからできない，という理由）」で＋イメージになり重要度順位も 6 項目中 4 に変化している．これらの点から，Pre-C では口実を持つことに対してもネガティブな印象を持っていたが，Post-C では口実への違和感が小さくなっている様子である．

　さらに，重要度順位 1 の項目を比較すると，Pre-C では優先順位に関する項目が重要度 1 であり，Ｃさん自身の対処法を工夫に焦点が当てられているのに対し，Post-C では「論文を投稿しようと思うが大変そう」と，研究自体が大変なことなのだという認識に焦点が当てられていることからも，自分が努力しなければならないという考えから，できなくても仕方がないという認識へと変わってきている可能性が伺える．

　次に，項目やクラスターの結びつきにおけるスクリプト（内藤，2008）からみた相互作用に着目する．Pre-C では，「今はできない（クラスター1）」という状態がまずあり，そこから「現実から逃げたいが，でもそれはよくないし，いつかできるかもしれない（クラスター2）」という動きが生じ，そこからさらに「今はできない（クラスター1）」へ戻る，という悪循環が見られる．これに対しPost-C では，「労力を要することがたくさんイメージされる（クラスター1）」という状態だが，「でもやるべきことはやっている（クラスター1）」ので，「時間も必要だがそれもないのでできない（クラスター2）」と結論して落ち着いてお

り，悪循環が見られなくなっていることがわかる．

　また，Pre-C で見られた「家族」に関する項目が Post-C では消えたことから，他者の支えが意識されなくなっており，自分自身のことととらえている様子が見える．個人間相互作用にも変化が見られたと言える．

　そして，実験者の解釈によるクラスター名も【研究への距離感】【逃避することに対する葛藤】【今の生活の安心感】から，【現状維持志向】【安定することの肯定】へと変わり，研究から距離を置くこと，安定することへの葛藤が減じている様子がわかる．これを裏づける指標として，クラスター間・クラスター内の葛藤度を検討する．まずクラスター間の葛藤であるが，Pre-C ではクラスター 1 と 3 が＋および±，クラスター 2 が－及び 0 の項目で構成され，クラスターによってプラスマイナスイメージが分かれており，クラスター間に葛藤が見られたのに対し，Post-C では 2 つのクラスターそれぞれにプラスとマイナスの項目が含まれており，クラスター間の葛藤がなくなっていることがわかる．これは，C さんが『Pre-C ではクラスター同士が矛盾しているが，Post-C では同質』と語っていることや，クラスター間の距離が Post-C で減少していることとも矛盾しない．

　クラスター内の葛藤の指標については，表4-1に示した葛藤度（内藤，2008）を用いて検討する．「プラス項目の数＋マイナス項目の数」の値を分子とし，「（プラス項目の数－マイナス項目の数）の絶対値に 1 を足したもの」の値を分母として算出されるが，本書では葛藤の指標ともなるプラスマイナスを採用しているので，更にプラスマイナス項目の数をクラスタ内の項目数で割った数値を，元の葛藤度に加算する．すると Pre-C では葛藤度がクラスター 1 から順に 1，2/3，1 となり，Post-C では7/4，2 となる．比較するとクラスター内の葛藤は，むしろ Post-C で増加していると言えるだろう．また，Post-C では 2 つのクラスター内の葛藤度がより接近していることもわかる．このことは，Pre-C ではそれなりに整理されていた問題が，Post-C では再度動き始め，意識に上ってきたことを表しているのかもしれない．

6-4-3. 変化が見られない事例において起きていることと留意すべき点

　Cさんの事例の特徴について検討する．Pre-C と Post-C の比較よりわかることは，Cさんの生活が，仕事を大切にしているという点では変化していないことが挙げられる．逆に変化した点として，Pre-C では研究から距離をとり仕事と家庭を大切にしている現状を肯定したいと思い，現実逃避を試みながらも，それはやはり良くないと感じて悪循環に陥ってしまっているが，Post-C では，研究の大変さを実感するとともに，できなくても仕方ないと考えて今の生活の文脈の中で安定していることがわかる．『苦労しなければ』という信念の影響が和らぎ，自分を駆り立てる気持ちは和らいだが，研究を意義あるものと感じる気持ちはよりクリアになり，心残りを抱えた状態と言えるだろう．そしてそれは，各クラスター内に葛藤が見られることとも矛盾しない．また PAC 分析の結果からは離れるが，Th の印象ではCさんはあるべき理想や周囲の人々を尊重したい傾向が強くあり，それゆえに自らの将来を考えようと，この試行面接に参加した経緯がある．その傾向が，研究という目標をあきらめることを容易に許さず，同時に現在の生活に対しても手抜きをしたくない気持ちにつながっているようだった．こうした，心理面接において通常行われる「パーソナリティ傾向」の見立てを合わせて考えるならば，Cさんには多くのものを自分できちんと行いたい完璧主義のところがある．また，心残りや後ろめたさを感じ，葛藤も抱えている状態だと言える．

　これらの特徴は，改善が報告された第5章の事例（青木，2007）におけるような，協力者が現状に向き合い受け入れ，問題に対して主体的に関わろうとしている様子とは異なっている．現状についてはまだ整理がつかず，何に対して動いていきたいのかあいまいである．これは第2回試行面接後で述べた Th の印象と重なるところがある．なおここでいう主体的とは，第5章で示した「個人が行動選択の主体であることを自覚し，適切な結果に結びつくよう主体性を働かせること」の意味である．

　このように考えると，この状態に面接の中で対応し，やりたいことの中で何

を目標として選択し，面接を進めるべきかを明確にする必要があったように思われる．つまり，試行面接で用いた SFA の文脈でいえば，ゴール・セッティングについての話し合いを十分に行うべきであった（Bertolino & O'Hanlon, 2002）といえる．最初の時点では扱いたいテーマとして「これからの研究のイメージを明確にし，将来について考えたい」が挙げられていたが，本当にこれで良かったのか，また研究のイメージとは，将来とは，についてのより具体的なイメージについて，面接の中で扱う機会があるとよかったのかもしれない．

　その場合，目標は，クライエント自身が何を重要と思うか，すなわち価値の問題と関連する．Ｃさんは，バランスを欠かさずに普通の生活を送ることに価値を感じエネルギーを割いていると同時に，Post-C では研究の価値をも再確認しており，それを諦めようとしている自分に対して後ろめたい感じやさまざまな思いを，以前より和らいだとはいえ抱いていた可能性がある．「苦労しなければ」という価値観を有していたことからも，自らの望みに従って行動することには，まだ抵抗感があったことが推測される．つまり，自分が価値を感じているものについて，そしてその優先順位について，Ｃさん自身がまだ明確にできていなかったといえる．クラスター内の葛藤度の増加からも，面接が進むにつれ，価値や優先順位を巡って新たな葛藤が生じた可能性が示唆されたが，Ｃさん自身がそこに対峙する準備がまだできていなかったと考えられる．

　こうした微妙で繊細な問題について話し合うプロセスは，先述のゴール・セッティングのためにも重要である．そしてこれも SFA で重視されてきたことであるが，「クライエントのペースに合わせること」の重要性（de Shazer, 1985）が改めて明示されたといえる．大切にしたいことはたくさんあるが，その中で選べない気持ちがある状態について扱い，大切にしたいことの内容について詳しく吟味していくプロセスが必要だったのではないだろうか．

　同時に，先述のようにＣさん自身が理想を尊重したいと思っているがゆえに，複雑な思いや葛藤を抱いていること自体に違和感を感じる恐れがあったので，この点についても十分に配慮する必要があった（Wachtel, 1993）．これらの思い

に関心を向けながらの面接が必要であったと思われるが，それには時間も必要だった．時間制限のある面接という限界も影響していた可能性がある．

　以上より，第5章で検討した事例では，価値を感じられるものに対して主体としての動きが生じていたが，この事例のように価値を感じられるもの自体があいまいであると，主体的な動きは生じにくい可能性が示唆された．

　また，このような事態による中断を防ぐためには，クライエントのペースに合わせながら，ゴール・セッティングを丁寧に緻密に行うことが貢献することも示唆された．

「問題の見方の変化」に関する
複数事例の分析と仮説モデルの生成

第7章 修正版グラウンデッド・セオリー・アプローチ (M-GTA) 援用の検討

●7-1 目 的

この章では，より多くの事例における「問題への認識」と「問題への関わり」の変化をとらえるため，PAC分析プロトコルをさらに修正版グラウンデッド・セオリー・アプローチ（modified grounded theory approach；以下M-GTA，木下，2003）を用いて分析することの妥当性と優位性について検討する．

第5章までの検討を行うことにより，試行面接の前後での問題のイメージにおける，「世界への認識」や「世界への関わり」を詳細に明らかにするとともに，それらのつながりの原動力となる「主体性」の存在を示し，「主体としての動き」を描き出すことができた．

一方，第5章での検討は2事例について共通する要素についての考察であり，より一般的な傾向を見出すには，より多くの事例について検討する必要がある．その際，前章までに見出された「世界への認識」「世界への関わり」および「主体としての動き」それぞれの詳細と，その間の相互作用について検討できることが望ましい．そこで更に多くの事例を対象として，相互作用を明らかにすることができる分析法が望ましい．

そこでM-GTAを援用して，PAC分析のプロトコルの分析を行うことを検討する．

◉7-2　M-GTA の概要と手順

7-2-1. 概　要

　グラウンデッド・セオリー・アプローチは，1960年代にグレーザーとストラウスという2名のアメリカ人によって提唱された質的研究法である．データに密着した（grounded on data）分析から独自の理論を生成する研究法として国際的にも注目されている．その後，改良が重ねられ，現在おおむね4つのタイプに分類されている．M-GTA は，そのグラウンデッド・セオリー・アプローチに独自の修正を加えたもので，4つのタイプのうちの1つである．主な特徴として，「データの切片化をしないこと」や，「データの範囲，分析テーマの設定，理論的飽和化の判断において方法論的限定を行うことで，分析過程を制御すること」，「データに密着した分析をするための独自のコーディング法として，分析ワークシートを作成して分析を進めること」などがあげられよう．

7-2-2. 手　順

　M-GTA の分析およびまとめの手順を，木下（2003）に基づき，以下に示す．

（1）研究テーマの設定

　この研究によって何を明らかにするのか．その意義は何であるのか．適切な問いが立てられていることによって，その研究は社会的現実との間に位置づけられる．

（2）データの収集

　グラウンデッド・セオリー・アプローチで扱うデータにはフィールドワーク型調査と面接（インタビュー）型調査がある．M-GTA では，面接型調査を前提に考えられている．まず，誰を面接対象とするのかを決める．次にインタビューガイドか大まかな質問項目を用意して，対象者全員に同じ設問をもちいてインタビューを同じ形式で行う．

この時，対象者を「集団」として設定し，最初にある程度の人数の面接データを得る．データの範囲を決定するにあたっては，現実的諸条件を考慮し，ある特性を共有する集団の一員という基準を設定して面接対象者を決める．

次に，当事者団体，相談機関，作業所など関係者の理解と協力者を得て，インタビューに協力してくれる人たちを探す．データの分析は「この範囲に関して」という条件のもとで進める．グラウンデッド・セオリー・アプローチの場合には分析者の判断によって対象者を選択するため，この点は重要である．「この範囲のデータに限り」という限定を維持しないと，分析結果をまとめることは困難になる．もちろん限定の仕方に関しては論理的かつ現実的に十分説明しうる理由が求められる．そしてデータの収集の進行とともに，範囲を変更することもありうる．

（3）分析テーマの設定

データ収集後，分析の最初の段階で設定する．研究テーマを，データに密着した分析がしやすいところまで絞り込んだものが分析テーマである．分析テーマの設定によりデータに対してどのような「角度」で分析に入るかを決めることができる．分析テーマを設定することにより，自分が明らかにしようとしている問題がどのようなうごきを持った現象であるのか，分析の方向性を確認できる．

（4）分析焦点者の設定

M-GTA ではデータを解釈する時に，分析焦点者を設定する．これは，データを解釈する時に，「その人間からみれば，あるいは，その人間にとっては，これはどういう意味になるのか？」という観点から解釈するためである．

その際，特定の"人間"，すなわち特別養護老人ホームの新入居者とか，発達障害をもつ子どもの母親などの，研究上対象として設定される人間に焦点を置いてデータを解釈していく．これが分析焦点者である．分析焦点者は通常，面接の対象者となる．

（5）概念の生成

　概念の生成は，データをコーディングすることから始まる．データの解釈によって生成されたすべての概念が，常にデータと直接対応関係の確認ができるように，継続的比較分析を進めて行く．

　コーディングの際，オリジナルのグラウンデッド・セオリー・アプローチと異なり，M-GTA ではデータを切片化しない．その理由は，研究する人間（すなわち研究者）の問題意識に忠実に，データを解釈することを重視するためである．コンテクストの理解を目指し，そこに反映されている人間の認識，行為，感情，そして，それらに関係している要因や条件などをデータに即してていねいに検討していく．

　概念生成はオープン・コーディングによってすすめられる．その具体的な手順について述べる．最初の概念生成を行うため，対象者どれか一人分のデータを取り上げ，ざっと目を通す．最初の一人には，分析テーマに照らしてディテールが豊富で多様な具体例がありそうなものを選ぶとよい．そして分析テーマと分析焦点者にてらして，関連のありそうな箇所に注目する．

　データのどこに着目するかは分析者の判断による．これは一種の感覚的な経験で，手順によって保証されるものではないが，分析テーマにおける何らかの「プロセス」と関連した「うごき」を意識することが重要である．

　分析の最小単位である概念は，一定程度の多様性を説明できなければならない．そこで最初は，データ全体を比較しながら見ていき，類似例を検討しサンプリングしていく．手持ちのデータの中でまだ出てきていないデータを推察しながら，具体例が複数となるように概念を考えていくことになる．

　さらに概念としての完成度を上げていくために類似例のチェックと並行して，対極比較でのデータチェックを行って行く．概念の説明範囲を確認していく作業である．

　同じプロセスで，第二，第三の概念を次々と生成していく．

図7‑1　分析ワークシートの例（木下, 2003）

（6）分析ワークシートの作成

実際の概念生成は，分析ワークシートという書式を使って完成させていく．ワークシートは概念ごとに作成していくので，概念の数だけできることになる．（図7‑1）

分析ワークシートは概念欄，定義欄，ヴァリエーション欄（具体例欄），理論的メモ欄，の4つの部分からなる．記入の仕方としては，まず最初に，データの着目箇所をヴァリエーション欄（具体例欄）に記入する．次に，検討の結果，採用することにした解釈を定義欄に記入する．それ以外の解釈案で重要なものは理論的メモ欄に記入する．そして，定義を凝縮表現した言葉を概念欄に記入する．

　概念の生成が完了したか否かについての判断は，二方向から行う．１つは一定程度の多様性を説明できるだけの具体例が確認されたかどうかであり，もう１つは対極例についての判断である．対極例のチェック作業により，解釈が分析する人間によって恣意的に偏る危険を回避できる．

（7）理論的メモ・ノートをつける

　分析ワークシートによる概念生成と並行して，個別概念生成以外の分析上のアイディアをまとめる．

（8）カテゴリーの生成

　概念は（6）のプロセスを経て分析ワークシートにまとめられ精緻化されていく．そこからカテゴリーを作り分析結果をまとめていく作業は選択的コーディングと呼ばれる．この作業を通じて，複数の概念の関係からなるカテゴリーが浮上してくる．コア・カテゴリーが生成される場合もあるが，そうでなくても，いくつかのカテゴリーの関係で現象の変化を説明できるのであれば，それを分析全体の結果と判断することができる．

　継続的比較分析により分析を進めて行ったときにデータから新たに重要な概念が生成されなくなった時をもって理論的飽和化に達したと判断し，分析を終了する．具体的には，方法論的限定として分析に用いるデータの範囲が限定的を設定することと，理論的飽和化に向けての分析結果の完成度という２つの方向から判断する．

（9）分析結果をまとめ，理論を生成する

① 結果図

　結果図とは，主要な概念やカテゴリーの関係を線や矢印などで表したものである．相互の影響関係や変化のプロセスがわかりやすくなる．

② ストーリーライン

　ストーリーラインとは，分析結果を，概念とカテゴリーだけで簡潔に文章化したものである．できるだけ短くまとめるのがポイントである．まず分析結果全体の要約から始まり，ついでそれを説明する．

上記の①，②において示された内容が，生成された理論となる．

◉7-3　M-GTA を援用するにあたって

　これらの特徴から M-GTA は，個人の主観的体験，特に「人間と人間が直接的にやり取りする社会的相互作用」の分析に適した質的研究法であり，また認識や感情のうごきのプロセスを対象とすることができる点（木下，2007）や，切片化によるコーディングを用いないため，文脈を活かした分析が行える点が，PAC 分析プロトコルの分析に適していると考えられた．PAC 分析プロトコルは自由連想の使用によって協力者自身も普段あまり意識していない側面も含めての詳細な語りとなり，上述のプロセスを的確に反映していると考えられる．それゆえ世界との認識や関わりなど，主体としての動きの分析に関するディテールの豊富なインタビューデータ（木下，2007）と考えられることから，M-GTA による分析が妥当と判断した．

　以下に，M-GTA による PAC 分析プロトコルの分析例を示す．

◉7-4　PAC 分析プロトコルを対象とした分析の実際

7-4-1. PAC 分析プロトコル

　PAC 分析の一人分のプロトコルには，大きく分けて以下の4種類が含まれる．これらすべてを分析の対象とした．なお，例における『　』で囲った内容は，実験者の質問および応答であり，これは分析から除外したが，ここでは文脈を明確にするために示している．

（1）クラスター解釈

例：『これからこのクラスターの解釈をしたいのですが，この最初のクラスターというのは，笑い声，壁，隣人，雑音，騒音，この5つがまとまっていますが，どういうところが似ていて，1つにまとまっているという感じですか』(a)

ええと，夜中に隣の人が，うるさいっていう．ことで，それに関連するとして
まとまっているかな，と思いました．

『具体的にどういうふうにうるさいんでしょう』(b)今一人暮しなんですけど，
1階部分が，中古車屋さんなんですね．2階しか，部屋としてなくて，上も，
人が誰も住んでない状況なんですけど．下が，車屋さんなんで，余分な柱とか
が一切ないんで，夜になると，床やら，壁やらから，結構音が響くんですよ．
大きなくしゃみをしている音とか，聞こえちゃうくらい．で，毎日，こう，夜
になると，うるさくて．で，昔からなんか，修学旅行とか，林間学校とかあっ
たんですけど，そういうところでも，あまり仲良くない友達とかがいると，そ
ういう人が起きてると，寝れなかったんです．で，ベッドがあまり好きでなく
て，蒲団が好きなんで，直接敷いてるんですけど．そうすると，余計響きます
よね．それでなんか，耳栓をしてみたりとかいろいろしてるんですけど．でそ
れで，雑音，騒音，笑い声とかが隣の人から聞こえてくるっていうところで似
てるかな．〈下がらんとしてると隣の音が聞こえやすいんですか〉そうです
ね．下がらんとしてると，寝てる時とかでも，床に耳をつけて寝ているよう
な形になってしまうので．下から響いてきたりとか．

（2）クラスター間の関係

例：クラスター1が「笑い声」「壁」「隣人」「雑音」「騒音」の5つからなり，
クラスター3が「疲れ」1つのみから構成されている場合，この2つの類似点
と相違点について尋ねた．

『クラスター1とクラスター3の，似ているところはどこでしょうか』(c)似て
いるところは，クラスター1によって，自分が何か，さっき言った，お酒を飲
んだりとか．そういう，ワンクッションじゃないですけどワンステップあって，
疲れが生まれてきてるっていう．つながってはいると思うんですけど．『違う
ところはありますか』違うところですか．違うところ．……違うところですよ
ね……（P）上は，まあ，100％部屋にいるときに，生じてくるものなんです
けど．クラスター3は，なんていうか，朝家で起きた瞬間というんじゃなくて，

外に出たときっていうか．なんか，早く寝なきゃっていっていろんなこと考えたりいろんな方法とったりとか．を，する時っていうのは，次の日予定がある時なんですよ．それで，○時に寝て，8時に起きて，で，とか，行く，じゃないですけど，で，行った先とか行く途中とかで，出てくるもの．家においてはそんなに疲れっていうのは，感じないですかね．

（3）項目のプラスマイナスイメージ

例：〈連想項目『壁』についてのプラスマイナスイメージは？〉(d)これもマイナス．もともと，音が響く薄い壁っていうので，マイナスでもあるんですけど，声がしてくる壁．壁は，声がしてくる壁だ，ということがあったり，壁を殴りすぎて，へこんでしまったっていう．

（4）全体の感想

例：〈感想は〉(e)疲れましたね．こんなに疲れるものなんですね，PAC 分析って．やっぱり．すっきりもしたんですけど．こう，なんとか，漠然としてたんで．眠れないことに関しては．友達に言うにも，隣がうるさくてさ，とか．不動産屋さんに伝えるにも，なんかうまく伝えられなかった気がするんですけど．これからは，なんですか，項目を挙げてから，申し述べようと思いました．

7-4-2.　分析の実際

　PAC 分析プロトコルのデータは，そのコンテクストも含めて考えれば，通常のインタビューデータと同じように扱うことが可能である．そこには，協力者個人の内面のうごきと，社会的相互作用とが表れている．そこで，特に「人間と人間が直接的にやり取りする社会的相互作用」の分析に適し，また認識や感情のうごきのプロセスを分析対象とする M-GTA を用いて分析することができる．

　とくに，（1）クラスター解釈および（4）感想については，樹形図を観ての自由な連想や，現実に起こっていることや心的現実についての説明になることが多いために，その傾向が強い．たとえばこの例で示した下線部(a)(b)は，実際

の生活の中で，協力者自身が問題だと感じている場面についての詳細な説明である．感情面での吐露は見られないが，認知的なレベルで問題を認識している部分と考えることができる．また感想の下線部(e)は，PAC 分析についての感想であり，本書の研究および分析テーマには関連しないため，分析対象からはずした．

これに対して(2)クラスター間の関係および(3)項目のプラスマイナスイメージについては，実験者の明確化の質問に対する一問一答の回答であるため，表現も幅が絞られている．そのため実験者の質問の文言も加え，そのコンテクストも考慮して，意味を考える必要がある．この点で，M-GTA は切片化を行わず，コンテクストを活かした分析を行えるため，適している．

たとえば下線部(c)は，まずクラスターの名前や項目も補うことにより，「壁から隣人の笑い声が聞こえてきて眠りが妨げられている状態が気になっている．そのことと疲れとが関連している」という状況が理解される．そして(c)の協力者自身の説明内容から，笑い声を気にするあまりとった対応が，逆に疲れを引き起こしてしまって，日ごろの生活全体にも影響を及ぼしていることがわかる．「問題の拡大」あるいは「日常生活への影響」などとラベリングできそうな内容である．そしてそれがさらに実際に日常生活にどのような影響を及ぼすのか，それはこの人にとってどんな意味があるのか，もし影響を防ぐことがあるとすればそれはどんな要因からか，といった視点からみていくことで，対応する概念が決まり，また他の概念とのつながりが見えてくる点では，通常のインタビューデータと同様である．この部分は最終的に，概念〈問題を認識する〉の具体例とすることとした．

(3)の項目のプラスマイナスイメージでは，「壁」を例にあげた．この協力者にとってはただの壁ではなく，「声がしてくる壁」というまさに問題の象徴のような壁となっていることがわかる．そしてさらに，「殴り過ぎてしまって，へこんでしまった」という激しい内容が語られている．協力者がいかに困っているかがわかり，そのやり場のない感情が実験者にも伝わってくる．そしてそ

れゆえに社会的にあまり許されない行動に出てしまっていることも，ここで語られている．この部分は，前半が〈問題を認識する〉，後半が〈引き起こされる行動〉という概念の具体例とされた．

　また，ここで注目すべきは，下線部(c)(d)にみられる，「ワンクッション置いた，疲れについての詳細な記述」や「問題の象徴としての壁」「怒りのあまり発する行動」などは，異なるクラスターの関係や，一つひとつの項目について，詳しく尋ねることにより明らかになる点である．それ以外にも，クラスター併合理由を尋ねた時などに，「あ，いま思いつきました」「そういえばそういうことですね」と，それまでは思いつかなかったことを語り始めることがある．心の中にあったイメージが，樹形図を目の前にして初めて言葉として表現できるレベルまで意識化される場合が，PAC 分析では少なくない．よって，普段は意識されないレベルの語りや，意識はしているが語りにくいことまでも分析対象とすることができ，それは PAC 分析プロトコルをデータとすることの大きな利点といえる．これにより，協力者の「問題への認識」において実際にどのような感情・認知・思考の相互作用のプロセスが内面で起きているのかを，知る手掛かりになるからである．

　以上より，PAC 分析のプロトコルデータは，基本的には通常のインタビューと同様に M-GTA で扱うことが可能である．しかし，場合によってはクラスター名や実験者の問いを補ってコンテクストを考慮する必要があり，その点においてコンテクストを活かした分析が行える M-GTA は適している．また，PAC 分析プロトコルは，通常のインタビューデータよりも，深層の意識を表現しやすい．よって深いレベルでの心の中の相互作用を，M-GTA で分析することが可能になり，より広範囲の詳細な分析が行える．

　これらは他の方法では得られない有利な点であり，よって本書では PAC 分析プロトコルへの M-GTA の援用という分析法を採用することにする．

第8章 「心理療法による問題の見方の変化」に関する仮説生成と臨床的示唆

◉8-1 目 的

　この章では，より多くの事例における「問題への認識」と「問題への関わり」の変化をとらえるため，3回の試行面接の前後に事前事後テストとしてPAC分析を行う実験調査に参加した9名分のデータをM-GTAを用いて分析し，探索的に検討する．複数事例に共通する問題および解決のイメージを比較することによって，クライエントから見た望ましい対応についての臨床的示唆を得ることを目的とする．

　第5章では，試行面接の前後での問題のイメージにおける，「問題への認識」や「問題への関わり」を詳細に明らかにするとともに，それらのつながりの原動力となる「主体性」の存在を示し，「主体としての動き」を描き出すことができた．また第6章では，第5章で「主体としての動き」とともにみられていた「意味を感じられるもの」，すなわち価値を感じられるものの存在が，「主体としての動き」を引き出すものとして重要であることが示唆された．

　一方，第5章，第6章での検討はそれぞれ2事例，1事例についての考察であり，より一般的な傾向を見出すには，より多くの事例について検討する必要がある．その際，前章までに見出された「世界への認識」「世界への関わり」および「主体性の動き」それぞれの詳細と，その間の相互作用について，更に多くの事例を対象として相互作用を明らかにすることができる分析法が望まれる．そこで，第7章でM-GTAの援用の優位性と妥当性について検討したとこ

ろ，適切であると判断できたため，以下にこの方法によって検討を進める．

◉8-2　複数事例を分析するための方法

8-2-1. 個別のデータ収集
（1）調査協力者

　「心理療法によって問題の見方がどのように変化するかを明らかにする」という本書の趣旨に賛同した，問題を抱えた健常者9名である．募集は筆者の知人やその知人を介して依頼し，原則として興味を示した方の自主参加とした．プロフィールは第5章表5-1に示したとおりである．

（2）手　続

　手続きおよび倫理的配慮については，5章と同様である．

8-2-2. M-GTAの援用による概念化
（1）分析対象データ

　9名の協力者全員の，事前および事後PAC分析の4）で得られたプロトコルの逐語録音（30〜60分）をデータとして使用した．

（2）分析方法

　M-GTAの方法に従い，分析テーマと分析焦点者を設定した．研究テーマは「個人にとって，何かを問題と感じたりそれが心理療法を通じて解決したと感じることはどのような体験か」である．これに基づき個人を取り巻く世界や他者との相互作用，またその際の感情や認知の動きについての視点から，分析テーマを設定した．事前PAC分析については「問題だと感じることに対してどのように見て体験し，関わろうとしているか」，事後PAC分析については「解決したと感じた時，問題と感じていたことに対してどのように見て体験し，関わろうとしているか」と設定した．また，分析焦点者の設定とは“特定の人間に焦点をおいてデータを解釈していくこと”（木下，2003）であり，本研究で

は，分析焦点者を「解決したい問題を抱えた健常な成人」とした．

　分析プロセスを以下に示す．① 分析焦点者の視点に基づき，分析テーマを意識しながら，データの関連個所に着目し，1つの具体例として，他の類似具体例も説明できると考えられる説明概念を生成した．② 概念ごとに，概念名，定義，具体例を記載した分析ワークシートを作成した．③ 分析を進める中で新たな概念を生成した．④ 同時並行で，他の具体例をデータから探し，ワークシートの具体例欄に追加記入していった．⑤ 生成した概念の完成度は，対極例との比較の観点からも検討し，概念や解釈の偏りをチェックした．⑥ 生成した概念と他の概念の関係を個々の概念ごとに検討した．⑦ 複数の概念の関係からなるカテゴリーを生成して分析結果をまとめ，結果図を作成し，ストーリーラインとして文章化した．分析に当たっては，協力者A～Ⅰを順次分析した．9人目の分析時に新たな概念が生成されなかったことを鑑み，方法論的限定（木下，2003）に基づいて，分析終了の判断をした．

（3）概念の生成プロセスの例示

　1つの概念の生成プロセスを例示する．問題のイメージについて，協力者Bは電話相談という場面に対して「プレッシャーを感じるが，貴重なステップだと思っているので，仕事としてやっていきたいので．仕事を通して克服まで行かなくても，考えることができれば」と語った．これは，困った事態に陥りながらも何とか対応しようとする構えであると筆者は考えた．検討を進めるうち，協力者Dの「いらいらだけだとマイナスっぽい．でも，いらいらするからこそ，自分はちゃんと仕事をやろうとして，プラスに考えられたりもするので，両方．ちゃんとやってない人はいやだけれども，だからといって自分もサボっていいものではないし，ちゃんとやりたいな，という気がします」等のように，同様の語りが見られた．そこで，これを「困難の中にも，ポジティブな意味や自分にとっての意義を見出し，より良い方向へと努力しようとする」と定義し，〈事態をよりよくしようとする意思〉という概念を生成した．分析ワークシートを表8－1に示す．他の概念についても同様の手続きで生成した．

表8-1　分析ワークシートの例〈事態をよりよくしようという意思〉

【概念6】　事態をより良くしようという意思
【定義】　困難の中にも，ポジティブな意味や自分にとっての意義を見出し，より良い方向へと努力しようとする
【具体例】 B (連想項目『電話相談』のプラスマイナスイメージについて) ゼロ．プレッシャーを感じるが，貴重なステップだと思っているので，仕事としてやっていきたいので．仕事を通して克服まで行かなくても，考えることができれば， D (連想項目『いらいら』のプラスマイナスイメージについて) プラスマイナス．理由は，いらいらだけだとマイナスっぽい．でも，いらいらするからこそ，自分はちゃんと仕事をやろうとして，プラスに考えられたりもするので，両方． ちゃんとやってない人はいやだけれども，だからといって自分もサボっていいものではないし，ちゃんとやりたいな，という気がします． (連想項目『上司にへつらうな』のプラスマイナスイメージについて) プラスマイナスです．へつらう人は嫌なんですけれど，でもまあ，自分もそうならないようにしたいな，というか，過度にへつらうのは嫌だな，と思うので，そうなりたくない，と． E (クラスター1と2で) 似ているところがあるとすれば，どちらも，今の仕事をやめた後の将来につながる関係，まあとても強く関係してくる，ていうところでは，似ているんですが，……うーん……上のほう……難しいですね，なんで分けちゃったんだろう？ (苦笑) 上のほうが，研究者としての，自分のキャリア，をこう，踏まえた場合について．で，スペシャリストとしての自分，を，これからどうやって作っていくか．
【理論的メモ】 問題だと思うことに出会った時，ネガティブな感情が生じ，何とかしようと身構える．それは生き物にとって自然なことかもしれない．そのような意思を持つことが，具体的な問題への対処の前提になると思われる．そこから問題への対処につながる場合と，そうでない場合があると思われるが，これらはどのように違うのであろうか． また，ネガティブな感情から逃れるだけでなく，ポジティブな事象を求めていくことも，原動力となるのではないかと思われる．

● 8-3　分析結果：「問題」と「解決」の2つのイメージ

8-3-1. 試行面接前の概念生成

　事前 PAC 分析プロトコルの分析の結果，10の概念と3つのカテゴリーを生成した（表8-2）．以下，概念を〈　〉，サブカテゴリーを《　》，カテゴリー

表8‒2 問題のイメージの概念の定義と具体例一覧

カテゴリー1【問題に圧倒される体験】
 サブカテゴリー《問題に彩られた世界観》

概念名	定義と具体例
問題を認識する	**定義：問題があることを認識して，ネガティブに評価している.** 具体例：たとえば……なんか，……お給料あまりもらえなかったりとか. もしくは，そういう仕事の口がないとか.（G）
これからの見通しへの懸念	**定義：これから先，どんなことがあるかを考えた時に，障害や葛藤があって，あまり見通しが立たない感じを抱いている.** 具体例：親の思いと考え，というクラスターは，ちょっと長い見通しでの話のような感じがしたっていう. そうですね，これから長い見通しっていう感じですね.（F）
背景要因の憶測	**定義：問題を生み出す背景要因について，思いを巡らせる.** 具体例：活動時間がずれてるかずれてないかもわからないんですけど，もし，ずれてたとしたら，一体何をやってる人なんだろうっていう.（H）

 サブカテゴリー《引き起こされる感情》

引き起こされる感情	**定義：問題事象に直面した時，引き起こされる感情.** 具体例：(相手が) 仕事をやらないって言うのが一番だと思うんですけれど，その一環として，電話も取らないということで，私がいらいらする.（D）

カテゴリー2【問題に対する主体の動き】
 サブカテゴリー《問題への反応》

引き起こされる行動	**定義：困惑や怒りなど，問題事象に直面したときに感じるネガティブ感情から引き起こされる行動.** 具体例：クライエントに怒りという感情をぶつけられたときにまず，出てくる感情だったり，とってしまう行動. 自分のあまりよくないところだなあ，と感じているところ.（B）
他者への不満	**定義：問題事象に出会い，ネガティブな感情を抱いた時に，他者に対して「こうしてほしい」などの要望が生まれる.** 具体例：仕事をちゃんとやってほしい.（D）

 サブカテゴリー《対処しようとする傾向》

事態をよりよくしようとする意思	**定義：困難の中にも，ポジティブな意味や自分にとっての意義を見出し，より良い方向へと努力しようとする.** 具体例：プレッシャーを感じるが，貴重なステップだと思っているので，仕事としてやっていきたいので. 仕事を通して克服まで行かなくても，考えることができれば.（B）
迷いと揺れ動き	**定義：相反するものや，見通しのつかない状況に対して，どうしたらいいか迷ったり，揺れ動いたりしている.** 具体例：理想と現実の中でなんか，どこかで，区切りをつけるって言うか，妥協しなければならないって言うところで.（F）
バランスを取ろうとする配慮	**定義：問題に対応する中でも，周囲の世界におけるさまざまな事象や自分自身が，うまくバランスをとれるように気を配る.** 具体例：多分，仕事と全部絡んでいるような気がしますけど. これがある程度，バランスが取れて行ったら，なんか，仕事も，うまくいくのかなって.（G）

カテゴリー3【価値を見出しうる対象】

価値を見出しうる対象	**定義：問題がある中にも価値を見いだせる事象が，はげみや救い，支えになったり，期待の対象として体験される.** 具体例：自尊心の問題. 仕事でこういう肩書きを持つことで，自尊心が保たれているって言う意味で.（E）

を【 】で表す．

（1） カテゴリー1【問題に圧倒される体験】

　個人が問題と感じる事象に出会ったときの内的体験のプロセスに関する4つの概念が集まった．

　そのうち，認知的側面の動きを表す3つの概念によりサブカテゴリー《問題に彩られた世界観》が形成された．これは，問題を認識してネガティブに評価し，またそのことについて将来を案じたり，どうしてこうなったのかについて思いめぐらせたりして，問題への関心に多くのエネルギーを費やし，他のことをしていても気になってしまうような状態を示している．

　3つの概念について説明する．〈問題を認識する〉は，「問題があることを認識して，ネガティブに評価している」ことである．問題と対峙し，「これは自分にとって望ましくないことだ」と認識した時の認知的な評価である．具体例としては，「たとえば……なんか，……お給料あまりもらえなかったりとか．もしくは，そういう仕事の口がないとか．（G）」「クラスター1は，仕事をやらないっていう，実際的，現実的な人への不満．クラスター2は，その人そのもの，人間性．（D）」，「逃げているのは，いいことではない．（C）」などがある．何が望ましくないのかは人によってさまざまであが，望ましくないという点で共通している．次にこの体験から，〈引き起こされる感情〉が生じてくる．それはたとえばGの場合は不安，Dの場合は怒り，Cの場合は自己評価の低下に伴う落胆というように，人それぞれである．それとともに，〈これからの見通しへの懸念〉や，〈背景要因の憶測〉など，さまざまなことを人は思考する．すなわちこの〈問題を認識する〉は，そこに至る実際の事象や，またこの後に生じる感情や思考，行動では個々の状況や個人の個性によって幅が大きいが，この1点においては「望ましくなさ」という非常に強固な統一性が全員に感じられた概念であった．

　〈これからの見通しへの懸念〉は，「これから先，どんなことがあるかを考えた時に，障害や葛藤があって，あまり見通しが立たない感じを抱いている」こ

とである．問題の影響を考え，今生きている世界観が不透明でグレーな気分を帯びたものに感じられている．具体例としては，「親の思いと考え，というクラスターは，ちょっと長い見通しでの話のような感じがしたっていう．そうですね，これから長い見通しっていう感じですね．（F）」と，今問題と感じていることがこれからも長く続いて行くのだろうと予想している場合がみられた．あるいは，「（子どもは）将来的に考えて，どうなるかも，わからないですね．いつまで・・あまり，無計画には，作りたくないので．（G）」では，今抱えている問題のために，将来の見通しが立たない様子であった．問題によって，そこから醸し出される空気感により，その影響を受けての懸念が生まれ，今生きている世界観がグレーな気分を帯びた不透明なものに感じられる．そのうえで将来の見通しを考えるとき，将来が不透明に思われ，不安が喚起されるのであろう．どのようなことが要因となって，これからの見通しの不透明感が晴れていくのだろうか．あるいはこれは，先行きが不透明だから，注意深く進んで行こう，という態度の表れなのかもしれない．

〈背景要因の憶測〉は，「問題を生み出す背景要因について，思いを巡らせる」ことである．何か問題が起こると，人は何が起こっているのかを理解しようとし，何とか今の状況から抜け出そうと身構える．原因について考えることもその1つであろう．「どうしてこうなったのだろう」「何かあったかな」「誰のせいだろうか」など，さまざまにその原因について考える．ただしこれはその人が思う背景要因であり，多くはその人の経験の範囲内で形作られるため，実際に因果関係があるとは限らない．なぜなら問題は，その人の今までの体験を超えている場合もあるからである．具体例としては，「活動時間がずれてるかずれてないかもわからないんですけど，もし，ずれてたとしたら，一体何をやってる人なんだろうっていう．（H）」や，「価値観は，違うから，価値観の違いっていうのは，（問題の）前提としてあるとは思ってるので（I）」などがある．このように原因や前提をいろいろ考えるのは，どうにかして問題に対処したいと思うが故の心の動きでもある．つまり原因を知ることは問題の理解の一

部であり，同時にそれによって有効に対処しようとする構えの一部でもあると考えられる．そして実際にⅠでは，自分とは異なるものも受け入れようとする態度が表れており，〈バランスを取ろうとする配慮〉へのつながりがみられた．ここから場合によっては，解決行動につながる可能性があるように思える．

　以上3つがサブカテゴリー《問題に彩られた世界観》を形成する概念である．人が〈これからの見通しへの懸念〉や〈背景要因の憶測〉を行う時，内心の不安などのネガティブな〈引き起こされる感情〉にとらわれているといえるであろう．

　感情の動きに関する概念は，1つ生成された．〈引き起こされる感情〉は，「問題事象に直面した時，引き起こされる感情」のことである．問題に対して「困った」と思う体験の中核となる概念といえる．その内容はさまざまだが，総じてネガティブなものである．すべての協力者に共通して見出されたが，同じく共通して見出された〈問題の認識〉とは異なり，かなり内容の幅が広かった．具体例としては，「（相手が）仕事をやらないって言うのが一番だと思うんですけれど，その一環として，電話も取らないということで，私がいらいらする．（D）」という怒りや，「（連想項目『びくびくする』のプラスマイナスイメージについて）マイナスはマイナスと思う．仕方ないというか．そういう意味では受け入れているというか．いけないとは思っていないところはある，かな．マイナスはマイナスだけれど，自分の生の感情をそこまで否定というか抑えるのも健康的でないと思って，で，どうするかというのを，考えたいと思っているので．びくびくしっぱなしではいけないと思っているけれど，びくびくすること自体は，否定していないって言うか，自然な感じだと思っているというか．（B）」などの恐怖や不安がある．これらは〈問題の認識〉から生じた個人内の相互作用であり，時にはそのつながりがはっきりと語られる場合もあった．これらの感情は不快なものであり，個人を突き動かし，「なんとかしなければ」という構えを生じさせる．そこから何らかの対処行動へのきっかけとなる場合もあり，またそれにもかかわらず行動に結びつかず立ち往生している場合もみられた．

どのような対処になっていくかが，どのような違いから生まれてくるのだろうか．さらにこれらの感情から何らかの行動を起こしてもうまくいかず，その二次的なものとしてさらにネガティブな感情が生じることもみられた．

（2）カテゴリー2【問題に対する主体の動き】

　問題を認識した後の主体の動きに関する5つの概念から構成された．

　引き起こされる反応に関する2つの概念からサブカテゴリー《問題への反応》が形成された．

　〈引き起こされる行動〉は，「困惑や怒りなど，問題事象に直面したときに感じるネガティブ感情から引き起こされる行動」のことである．反射的に出る行動だったり，苦痛から逃れようとする一時的な行動だったりするので，あまりよい結果に結びつかなかったりする．具体例としては，「ものの貸し借りをするけれど返し忘れる．返さなきゃと思うけど，借りたものを読んだりするのに時間がかかったり面倒だったりして，結局返し忘れる．（A）」や「（クラスター【現状を脅かす現実からの逃避】について）このままではいけない．現状をひねくれたり，ネガティブにみると，こんな感じ．よくよく考えると，現状を脅かすものなので，考えたくない．やらなくていい理由を探してばかりいる．（C）」のようにとるべき行動をとらず引き延ばしている場合がみられた．あるいは，「クライエントに怒りという感情をぶつけられたときにまず，出てくる感情だったり，とってしまう行動．自分のあまりよくないところだなあ，と感じているところ．（B）」のように，やみくもに「謝る」など慎重ではない行動をしてしまう場合があるようだ．AやCのように，逃避，引きこもり，行動の延期，など消極的な場合は，ネガティブな感情を感じてはいるが，どうにも行動できない状態だといえる．一方でBは，感情に突き動かされて，何となく，あるいはやむにやまれずそうなってしまう，という場合といえる．

　〈他者への不満〉は，「問題事象に出会い，ネガティブな感情を抱いた時に，他者に対して「こうしてほしい」などの要望が生まれる」ことである．これは，概念〈引き起こされる行動〉が他者に向いたものといえる．具体例として，

「仕事をちゃんとやってほしい．（D）」や，「苦情を何度も入れたんですけど，いつも，どう対処してほしいですかっていうのを聴かれるんですよ．で，強く言えない人間なんで，追い出してください，とか，そういうのを，言えないんですよ．で，静かになってくれれば，それでいいんですよ．で，不動産屋の人に，手紙でも電話でもいいので，静かに，勉強とか静かにするように，言ってくださいっていうふうにしか，言えなくて．（I）」がある．抱えきれない不満を持ち，イライラや，怒りなど，ネガティブな感情がうっ屈し，不快感を覚えている．相手にうまく伝えられず，建設的な主張とはならない状態である．多くは，他者の行動が引き金になって問題となる事象が引き起こされているため，当然その他者に不満が向かっている．これは，〈引き起こされる行動〉が他者に向いたものとみることができる．抱えきれない感情をぶつけている状態なので，名称を「〜不満」とした．

　続いて，問題を認識して何とかしようという構えを持ち，問題に関心を向け向き合おうとするプロセスに関する 3 つの概念からサブカテゴリー《対処しようとする傾向》が形成された．

　〈事態をよりよくしようとする意思〉は，「困難の中にも，ポジティブな意味や自分にとっての意義を見出し，より良い方向へと努力しようとする」ことである．問題に向き合い，何とかしようと考えたり行動を起こそうとしている，対処の準備状態である．具体例としては，「プレッシャーを感じるが，貴重なステップだと思っているので，仕事としてやっていきたいので，仕事を通して克服まで行かなくても，考えることができれば．（B）」と，自分にとって貴重なことを支えとして，よりよくしようとする意志がうまれている様子が見られた．さらに「（連想項目『上司にへつらうな』のプラスマイナスイメージについて）プラスマイナスです．へつらう人は嫌なんですけれど，でもまあ，自分もそうならないようにしたいな，というか，過度にへつらうのは嫌だな，と思うので，そうなりたくない，と．（D）」では，問題だと感じていた他者の望ましくない行動を反面教師として，自分の大切な価値を守ろうとしている様子が表れている．

困った時に，なんとかしよう，この状況から逃れよう，という意思を持ち身が
まえることは，生物として自然なことかもしれない．それが，必ずしも具体的
な問題への対処につながるとは限らないが，少なくとも対処の前提になると思
われる．ネガティブな現状から，何か望ましいポジティブな方向へと動き出す
力が原動力となっているのだろう．そしてどちらに動いていくのか，何がポジ
ティブか，ということは厳密にはその人によってさまざまであろうと思われる．
また，ネガティブな感情から逃れるだけでなく，進むべき目標としてポジティ
ブな事象を求めていくことも，原動力となるのではないかと思われる．

　〈迷いと揺れ動き〉は，「相反するものや見通しのつかない状況に対して，ど
うしたらいいか迷ったり，揺れ動いたりしている」状態である．困った時に迷
い，悩み，あれこれ気持ちが行ったり来たりする．前出の概念〈事態をよりよ
くしようとする意思〉に比べると，方向性がまだ定まらない感じである．具体
例としては，「今の仕事だと収入が，安い．でも，こういう職場で勤めている
んだ，ということでの自尊心．というところで，今の仕事の特徴をこの2つが
表しているなあ，というところ．（E）」のように，現実の目の前の対象（この
場合は仕事）が，望ましい点とそうでない点とを両方備えているために迷って
いる場合があった．また，「理想と現実の中でなんか，どこかで，区切りをつ
けるって言うか，妥協しなければならないって言うところで．（F）」のように，
理想を目指したいと思いながら，現実に行動するために，どこで区切りをつけ
るべきか迷っている場合もあった．これらは，ものごとのネガティブな側面だ
けでなくそれ以外の面も見えていて，選択に迷っている状態といえる．あるい
は，「（『必要以上に苦労しなくても』について）こう考えると安定するところもあり，
疑問も生じるので．「苦労しなければ」と「それはつらいよね」とどっちもど
っち（C）」と，どちらにしてもつらい選択になるので，どちらにも行けず立
ち往生している場合もあった．その点で，バランスのとれた状態をある程度イ
メージできている〈バランスを取ろうとする配慮〉とは違っているが，自分に
とってより良い選択をしようとしている状態では同じである．そしてすぐに対

処行動には結びつかず，迷いながらしばしその状態にとどまることになるようだ．

〈バランスを取ろうとする配慮〉は，「問題に対応する中でも，周囲の世界におけるさまざまな事象や自分自身が，うまくバランスをとれるように気を配る」ことである．バランスのとれた状態がある程度イメージできていて，それを維持できている点が前出の〈迷いと揺れ動き〉と異なると言える．具体例としては，「多分，仕事と全部絡んでいるような気がしますけど．これがある程度，バランスが取れて行ったら，なんか，仕事も，うまくいくのかなって．(G)」のように，将来の仕事と生活とのバランスを考えている場合がみられた．一方「自分にとっては，いいとか悪いとか，言うことではなくて，もっと，その，ぼくじゃなくて，相手となる人に対して思うことなので，自分にとっていいとか悪いとかじゃないと思う．(I)」では，自分自身と他者とがそれぞれ価値を置いていることのバランスに配慮することで，互いの関係をよく保とうとする姿勢が表れていた．バランスのとれた状態をイメージしてそれに近づけようとしている点で，前出の〈事態をよりよくしようとする意思〉にも通じる面があり，下記の〈価値を見出しうる対象〉にもつながる．概念間，カテゴリー間をつなげる，バランスへの希求が表れている．

（3）カテゴリー3【価値を見出しうる対象】

問題の中にあっても価値を見出しうる事象や体験に関する概念〈価値を見出しうる対象〉のみから構成された．これは，「問題がある中にも価値を見いだせる事象が，励みや救い，支えになったり，期待の対象として体験される」ことである．具体例としては，「いろんな人と関わることで，自分自身の深みも増すし，楽しいこととか，おいしいこともたくさんあるので．(A)」，「自尊心の問題．仕事でこういう肩書きを持つことで，自尊心が保たれているっていう意味で．(E)」や，「生活があって，仕事，家庭がある．周りの人が期待していることは，果たしている．それなりにやれているかな，と思うし，だからいいのでは，と思っている．自己肯定感．(C)」がある．ほぼすべての協力者の

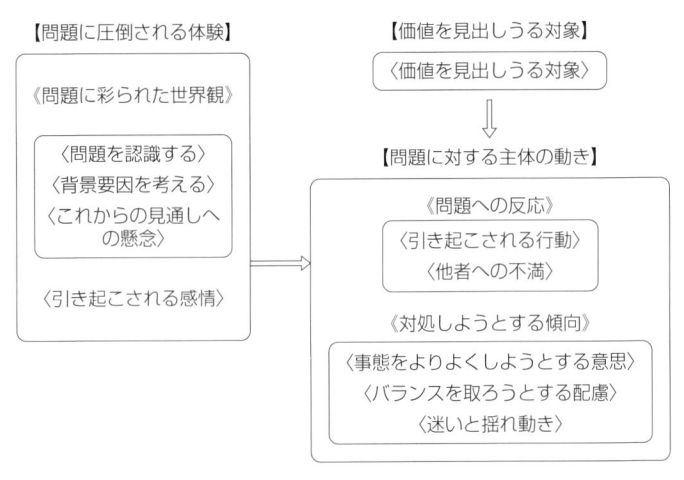

図 8-1　問題のイメージ

　問題のイメージに，具体例が見られたのは予想外だった．問題に向かう構えの中にも，ポジティブな事象である〈価値を見出しうるもの〉が意識されているのは興味深い．内容ははげみや目標になったり，解決のためのリソースになる場合が多いが，悩みが生まれている理由が，望みや大切なものを守りたいゆえである場合も少なくなかった．たとえばAでは，人間関係にプラスの価値を感じている様子が語られているが，この後の語りでは，つき合うプロセスでいろいろ考えたり，約束を守ることの面倒くささなどが述べられている．またEでは，専門職として働きながらも，収入面で納得がいかないと言う悩みが語られたが，現在の仕事には専門職としてのプライドや，社会的な肩書という面で価値を感じており，それゆえに転職をためらっていることが語られている．このように，価値を感じているが，むしろそれゆえに問題のもとにもなりうる両価的な性質を備えた概念といえる．

8-3-2. 問題のイメージとストーリーライン

　カテゴリーおよびその間の関係を示したのが結果図（図 8-1）であり，文章

化してストーリーラインを生成した．これを問題のイメージとする．

　個人は〈問題を認識する〉と，事態を把握しようとして〈背景要因の憶測〉をしたり，〈これからの見通しへの懸念〉を抱いたりする．これらは過去から未来，今見えていないものまでを含めて《問題に彩られた世界観》となるので，個人はネガティブな〈引き起こされる感情〉を体験する．こうしたプロセスは【問題に圧倒される体験】となり，そこでどうしていいかわからず立ち往生してしまう場合もある．

　この苦しみの体験から逃れようとして，【問題に対する主体の動き】が始まる．まず，あまり熟慮されていない《問題への反応》として，〈ひきおこされる行動〉や〈他者への不満〉がみられることがある．これらは一時的な不満や不安の軽減に役立つ事もあるが，却ってそのために問題が持続する場合もある．これとは別に，問題に向き合う姿勢が生じることもある．何とかしようとあれこれ考えて苦悩する〈迷いと揺れ動き〉，迷いながらも，ポジティブな意味や自分にとっての意義を見出し，大切な価値観や目標などに目を向け，それを失わないように，あるいは守るために対処を試みる〈事態をよりよくしようという意思〉，そして状況の中で極端にならず適切な行動をしようと試みる〈バランスをとろうとする配慮〉などが見られた．これら3つの概念で表される動きは，問題に向き合って対処する為の準備状態である．対処しようと大きく関心を傾けている点から，《対処しようとする傾向》と呼ぶことができるだろう．そして，このプロセスにさまざまな点で影響を与えるのが，目指したい理想像や生活の中でのポジティブな出来事などの【価値を見出しうる対象】である．多くは目標となったり，苦しい中での支えとなるなど，ポジティブな価値を見出すことができる．しかし時には，1つの事象が理想像としてモチベーションを高めるとともに，そこに到達できない苦しみももたらす等，相反する影響を持つ場合も見られた．【価値を見出しうる対象】がポジティブな存在でありながら，時にその相反する影響のために主体としての動きを阻害し問題を生じさせうる点に，問題のイメージの1つの特徴がみられた．

8-3-3. 試行面接後の概念生成

事後 PAC 分析プロトコルの分析の結果，15の概念と５つのカテゴリーを生成した（表8‐3）.

（１）カテゴリー１【問題イメージの再構成】

新しい認識を得る体験に関する３つの概念から構成された.

〈面接で得られた気づき〉は，「面接を通じての問題解決を試みる中で，新たに気づきや力を得，それまでの自分のものの見方や感じ方が大きく変わった契機と感じられた体験」と定義される. 最初はそう思っていなかったのに，色々話しているうちに感じ方や考え方が変わってくる，という体験である. 面接の中でのコミュニケーションから，日常での問題状況やその中での自身の振る舞いについて振り返るうち，今までとは違う側面に気づいていく. 具体例としては，「何回かお話していて，この中で，自分も，ちょっとこう，やらなきゃいけないというか，自分から近づいていくこと，が，そういう，なんか自分で，何かをするって言うよりもまずその前の段階として，なんか自分でできることをなんかまず探せるといいのかな，っていう気が，していて……（F）」のように，待っているだけでなく自分で何かを始めよう，という主体性が動き始めていると同時に，何かをするという形になる行動よりもむしろ近づいていく，という微妙な距離感への働きかけが，まず始動の最初の手掛かりとしてイメージされている様子がわかる. これと距離感という点では逆になる例が，Aの語りに見られる.「ある意味始めは考えすぎて，考えているだけのところが悪循環になっていたのかな，と思って. この３回の面接で思ったことは，流れることが大切. 面接を受けていろんなことが流れ出した感じがするし，いろんなことに，その場その場にとどまるよりも，流れることで，いろいろうまくいったりするのかな，と思ったので（A）」と，当初は考えすぎて，頭の中では大きなエネルギーを注いでいるにも関わらず行動に表せない状態にあったが，面接で話をすることを通して，しがみつかずに流れに任せるという感覚をつかみ，少し距離を置いて様子を見てみようという動きが出ている場合もあった.

表8-3 解決のイメージの概念の定義と具体例一覧

カテゴリー1【問題イメージの再構成】

概念名	定義と具体例
面接で得られた気づき	定義：面接を通じての問題解決を試みる中で，新たに気づきや力を得，それまでの自分のものの見方や感じ方が大きく変わった契機と感じられた体験. 具体例：何回かお話していて，この中で，自分も，ちょっとこう，やらなきゃいけないというか，自分から近づいていくこと，が，そういう，なんか自分で，何かをするって言うよりもまずその前の段階として，なんか自分でできることをなんかまず探せるといいのかな，っていう気が，していて……（F）
気づきにつながる日常体験	定義：面接期間中の生活の中で，新たな気づきを得，それまでの自分のものの見方や感じ方が大きく変わった契機と感じられた体験. 具体例：前回やってから今回までの間に，職場でも，こちらが自信がつけられるような出来事が，何度か.（中略）あ，私，5年の間にこんなに力つけてたんだって，思わされるような出来事が何回かあって（E）
視点の転換	定義：問題をとらえる視点が質的に変化し，新しい視点からとらえられるようになる. 具体例：（前略）前よりも，高次じゃないですけれども．同じ人それぞれという考え方でも，ずっとレベルが上がった，じゃないですけれども．以前よりはいい方に，変わったんじゃないかなって，思いますね．（I）

カテゴリー2【問題の影響の減少】

とらわれの減少	定義：問題にしていた事柄に感情的に巻き込まれることが減り，距離を置いて眺めることが可能になり，冷静になり，気にならなくなる. 具体例：やっぱり片づけは面倒くさいっていう気持ちは，そのまま残っているかな．前よりめんどくさいっていう感じじゃないんですけど，まあ，めんどくさいことはめんどくさいよなあ，くらいの．自分の中の位置づけは軽いんですけど．片づけと面倒くささのつながりはあります．（A）
ネガティブな感情の受容	定義：ネガティブな感情を必然的に存在するものとして認め，それを抱いている自分自身を受容しし，圧倒されず対応できている. 具体例：嫌だけだと，マイナスだと思うんですけれど，少し嫌なくらいなので，そんなに，マイナスっていうか悪いことでもないと思うし，それを自分が自覚しておくことが，自分のプラスになると思うので（D）
解決しきれない問題の認識	定義：解決しきれない問題を認識し，ネガティブととらえながらも，巻き込まれていない. 具体例：学業について，プラスとつけるほどプラスでもないんで．中途半端な感じになりましたけど．もともとあんまりいいイメージないので．昔からですね．（G）

カテゴリー3【価値あるものの認識】

意味あるものの見極め	定義：自分にとって意味のあるものとは何かを理解し，見出したり，再認識したりして，よりしっかりと実感したり，大切にしていこうと意識する. 具体例：考えるのは大切．今までも大切にしてきたし，今も大切だし，これからも大切にするだろうな，と思う．（A）
未来のイメージ	定義：未だ手に入れていないが，自分にとって重要な到達点としての未来のイメージを明確に描き出すことで，そこへ至る活動に対するモチベーションを得る. 具体例：到達したい．できるようになりたい，自分の中の生の感情にオープンな態度．（B）
多様性への関心	定義：物事がプラスマイナス両面あるいはそれ以上の側面を持つことに目を向ける．あるいは，そのことに対処したり，意味を見出そうとする. 具体例：（考えることは）プラスなんですけど，今回みたいに考えすぎてしまったりとか，考えるだけに陥ったりすると，考えるだけでぐるぐる回り．だから両面がある（A）

つながりによる支え	定義：自分にとって支えとなるものや，他者との関係性に改めて気づいたり，あるいは新たに見出したりする． 具体例：はい．プラスです．いろんなところ，行く先々で，話してくれる人，一緒に会話を楽しんでくれる人がいるって言うのが，すごい幸せなことだと思って．これは変わらないんですけど，「寝られないの？」とか，気にしてくれてる人もいるし．．こちらから言って，あのさあって，話すこともあるんですけど，そういうことで，なんか落ち着いてくる．（H）

カテゴリー4　【解決への主体の動き】

主体的関与	定義：自分自身の内界や外界の中で，今まであったものや新しく見出したもののうちから大切なものを見極め，自ら働きかけようという意思を持つこと． 具体例：いろんなことが流れていることが大切，と，今回の面接で実感した．（中略）流れているところにきらっと光るものがあったとしたら，それをしかるべきところで拾い上げたりとか，したいな，と思って（A）
現状認識から生まれるプロセス	定義：大切なものに対して関わりたいという気持ちを持ちながら，自分自身や周りの現状が必ずしも良好ではないことを見極め，戸惑いや困難も認識し，行動を保留，あるいは少しずつ行動しようとしている． 具体例：難しい攻撃性，怒りを表すクライエントは簡単なものではない，と判っていて．時間はかかるでしょうけれど，課題として，やっていければいいのかな（B）
解決のための行動	定義：問題を解決するために，自らが解決の主体であることを自覚し，行動を起こそうと考えたり，実際に行動したりする． 具体例：自分なりの努力，運動，お風呂っていうのは，努力しなければなされないことだと思うんですよ．運動っていうのもやるぞ，って思わないとできないし，お風呂っていうのもシャワーだけで過ごすんじゃなくて，湯船に入りたいって思って，やらないとできないというのがあって（H）

カテゴリー5　【これでいいという感覚】

みとおし感	定義：ある程度満足できる状態に達したと感じており，それによって，今後の安定した見通しが得られていると感じられている． 具体例：一番最初は，一緒にやるっていうのはとてつもなく嫌だったんですけど，そんなこともなくやっていけるのかな，と思うようになったので，まあ，何とかなるんじゃないかと思って（D）
現在の自分の受容	定義：自分がこういう人間であると改めて実感したり，以前と比べて変化したと感じ，それを肯定している． 具体例：前は，すごい，最初は特に気になってて，問題として書いたんですけど，実際なんかその，問題の場面がまたあったりとか，その人との関わりがあったっていうわけではないのに，そうやって，気にしなくなったって言うのは，結局，何だろう，事実とか，その，関係性とかは変わってないけど，自分自身が変わることによって，そういう風に，考えられるようになったので，そういう風に考えられた方が，なんか，いいな，って，自分自身思うので．（I）

　〈気づきにつながる日常体験〉は，「面接期間中の生活の中で，新たな気づきを得，それまでの自分のものの見方や感じ方が大きく変わった契機と感じられた体験」を表す．面接の中だけでなく，日々の生活でも気づきは得られるものであり，カウンセリング継続中は自分や周りについて振り返る機会が増えるため，特にその可能性は高い．人は生活の中で問題と関わっており，その体験を通じてなんらかの気づきを得ることもある．それは主体的関与の原動力ともい

える．具体例としては，「前回やってから今回までの間に，職場でも，こちらが自信がつけられるような出来事が，何度か．（中略）あ，私，5年の間にこんなに力つけてたんだって，思わされるような出来事が何回かあって（E）」のように，見慣れた日常の中でなんとなく見失っていた自信が，はっきりと意識させられるような出来事に出会って，これまであまり高く評価していなかった過去の蓄積を改めて価値あるものと再認識する場合があった．また，「たまたま引っ越し手伝った友達の家が，そんなに静かじゃなかった，ていうだけかもしれなくて，何とも言えないんですけど，同じような感じの家って，結構あるんだなと思って．そういう，安心感がえられたので（H）」のように，現実の生活の中で偶然に出会った，体験の枠が広がる経験によって，自分だけではないという気づきを得る場合も見られた．これらのように，よくある出来事が，普段と違って体験される，ということもあるし，まったく新しい体験から得られることもある．どちらにしても偶然の出来事に何を見るかは，面接を受けた経験によって影響を受けるかもしれない．つまりこの概念も，〈面接で得られた気づき〉と協力者の意識のレベル外でつながっている可能性はある．

〈視点の転換〉は，「問題をとらえる視点が質的に変化し，新しい視点からとらえられるようになる」ことである．たとえば具体例「（前略）前よりも，高次じゃないですけれども．同じ人それぞれという考え方でも，ずっとレベルが上がった，じゃないですけれども．以前よりはいい方に，変わったんじゃないかなって，思いますね．（I）」は，身近な対人関係についてのものである．ある人物が，自身の価値観にこだわって別の人を非難している様子を，「ひとそれぞれなのに」と批判的に見ていたが，実は協力者I自身も，その人物の独自の価値観を認めていなかったことに気づいた体験について述べられている．他者に対するまなざしだけではなく，他者を見ている自分自身のありように気づいたことを，いい方に変わったと感じ，よりレベルの高い見方だととらえている．一方もう1つの具体例「ちょっとずつ，僕以外のことも見ているような．円で書いてちゃっていいですか．こんな感じですかね．ここの真ん中に僕自身のこ

とについて．濃い感じ．（G）」は，将来の仕事について話すうち，最初は混乱していたものが，次第に整理されて来るとともに，同心円やその色調として視覚的に明確に理解されたことが述べられている．このような変化も含まれるため，最初に概念名を「より高次な見方」としていたが，次元の違いだけではないと判断し，「視点の転換」へと変更した．

　この概念は最初，対象者2名，具体例3と少なかったので廃止を考えたが，他の概念，特に上記2つの概念との関係から捨てがたいと思われた．また，データの再検討から，この動きはさまざまな具体例の背後に存在することがわかった．すなわち，今回言葉として語られることは少なかったが，解決のイメージにおいて広く見られる動きであると判断し，採用した．

（2）カテゴリー2【問題の影響の減少】

　問題だと考えていたものにとらわれなくなり，圧倒されていた感覚から解放される体験に関する3つの概念が集まった．

　〈とらわれの減少〉は，「問題にしていた事柄に感情的に巻き込まれることが減り，距離を置いて眺めることが可能になり，冷静になり，気にならなくなる」ことである．具体例としては，「やっぱり片づけは面倒くさいっていう気持ちは，そのまま残っているかな．前よりめんどくさいっていう感じじゃないんですけど，まあ，めんどくさいことはめんどくさいよなあ，くらいの．自分の中の位置づけは軽いんですけど．片づけと面倒くささのつながりはあります．（A）」のように，面倒な気分がどんよりと覆いかぶさっていたような状態から，位置づけが軽くなり，「そういえば」という程度にしか感じられなくなってとらわれなくなっている様子がみられる．あるいは，「前は，やめたいって，こんな仕事やめたいって，いうのが，ベースにあったかもしれないですね．逃げとしての転職．を考えていたのかもしれない．今は逆に，今のを続けるなら続けるのでいいし，もっと条件のいい仕事があるなら，そっちを選べばいいし．その辺がすごくシンプルに出ている．と思います．（E）」と，現在の仕事を辞めたい気持ちが重く，それゆえに転職を考えていたが，自信がついたり今の仕

事を見直す視点を得て，辞めたい気持ちにとらわれなくなり，結果として転職も1つの選択肢としてとらえられるようになった場合もある．これらのことから，とらわれが減少しても，まったくなくなることはない．むしろ気にならなくなっている，ということに意味があるといえそうである．

〈ネガティブな感情の受容〉は，「ネガティブな感情を必然的に存在するものとして認め，それを抱いている自分自身を受容したり，圧倒されず対応できている」ことである．人が何かを問題だと思うのは，それがネガティブな感情を生起させ，圧倒されるような体験となるときである．そのネガティブな感情が受容されるというのはどのような体験なのだろうか．何が要因として働くのだろうか．具体例としては，電話を取らず仕事をしない同僚に対して「嫌だけだと，マイナスだと思うんですけれど，少し嫌なくらいなので，そんなに，マイナスっていうか悪いことでもないと思うし，それを自分が自覚しておくことが，自分のプラスになると思うので（D）」と，自分の気持ちを距離を持って眺め，自覚することでうまく対応できると感じている様子が語られている．また，電話相談で攻撃性の強い相談者への対応に恐怖を感じながらも，「ある意味開き直った態度で．過剰に恐怖を感じているだけで何も見えなくなったらマイナス．クライエントを理解するための材料として，恐怖を感じるならプラス．自分もそれをぶつけられたときには，恐怖を覚えるという意味では正統，妥当（B）」と，恐怖にさいなまれるだけではなく，感じることを受容し，プラスに転化させていこうとする態度が語られている．ネガティブな感情が存在することそのものは変わらなくても，それを受容できるか否かで，問題と見なされるかそれとも解決なのかが異なってくるようだ．ネガティブな感情を受容できるようになることで，何が変わってくるのだろうか．その1つに，〈主体的関与〉へのつながりが考えられる．ネガティブな感情との共存により，より統合的で新しい自己イメージ，世界観を生成し，肯定していくプロセスが始まるといえる．

〈解決しきれない問題の認識〉は，「解決しきれない問題を認識し，ネガティブととらえながらも，巻き込まれていない」ことである．クライエントが「こ

れでいい」と思った時，もともと訴えられていた問題が本当に解決されている
とは限らない．最初の問題が残存していることも少なくない．そのことがわか
っていても，気にならないのはどういう場合だろうか．具体例としては，「学
業について，プラスとつけるほどプラスでもないんで．中途半端な感じになり
ましたけど．もともとあんまりいいイメージないので．昔からですね．（G）」
と，急には変わらない問題について距離を置いて眺めている場合などがあった．
また，隣の部屋から聞こえる音のために不眠に悩まされている協力者Hは，3
回目で「気にならなくなった」といいながらも「時間帯のずれとか．周りの人
との．あと，こんな時間に騒ぐのか，とか，いろんな時間があると思うんです
けど．おもにその2つなんですけど．やっぱり，普通に考えて，ずれてる時間
て言うのは，僕は普通に過ごしているつもりなんで．まともじゃない時間に活
動してるな，とか．そのせいで寝れない，とか．で，睡眠時間も足りないから．
マイナスです（H）」と語っており，やはり問題が残存している様子である．
このような語りから，問題はあってもそこに距離をとれるようになったり，コ
ントロール可能になったということが考えられる．

　以上のことから「完全にはなくならないこと」はカテゴリー2に含まれる3
つの概念すべてに共通している．このカテゴリーは，一方では文字通り問題に
圧倒されなくなる体験を表すが，同時に，問題が完全になくなることはない現
実の環境と向き合い，折り合いをつけていくという，対をなす動きが統合して
いく動きであるといえよう．そしてこの動きが，後述の【解決への主体の動
き】を後押ししていく．

（3）カテゴリー3【価値あるものの認識】

　自分にとって価値のある事象を見出す体験に関する4つの概念から構成され
た．

　〈意味あるものの見極め〉は，「自分にとって意味のあるものとは何かを理解
し，見出したり，再認識したりして，よりしっかりと実感したり，大切にして
いこうと意識する」ことである．意味のあるものがはっきりすることで，そこ

へ向かう主体性の動きが生まれるので，見極めは大切である．具体例としては，「考えるのは大切．今までも大切にしてきたし，今も大切だし，これからも大切にするだろうな，と思う．(A)」のように，これまで大切にしてきたことの価値を，改めてしっかりと実感する場合がある．あるいは，「結婚とかを考えたときに，最終的に安心感とかっていうのが，あるのかな，っていうのが，で，そこに，向かう過程の中で，いろんな影響を受ける，で，親の想いとか考えって言うのもあるんだろうな，ていうのと，親が求めているっていうか，そして，意味が違ってきちゃう気がするんだけれど，安心させてやりたいという気持ちもあったりとか，求めているところはその，私が落ち着くことであるのかな(F)」と，面接の中で語りながら考えていくうちに，今でははっきりと意識していなかったことが明確になり，そこに価値を見いだす場合などがある．自分がこれから進んで行く道程において，絶えず大切に考えて忘れずにいたいことや，目標として目指して行きたいものが語られている．その人にとって価値を感じられるものは，一人ひとり異なる．周囲の影響やさまざまな要因から，それが何なのか自分自身でもよくわからないことがある．特に悩んでいる状態ではそうである．心理療法は，それを探して行くプロセスでもあるといえよう．そのプロセスで，大切な物のマイナス面に気づくこともあるだろう．それはより深い価値への気づきにつながるかもしれない．

〈未来のイメージ〉は，「未だ手に入れていないが，自分にとって重要な到達点としての未来のイメージを明確に描き出すことで，そこへ至る活動に対するモチベーションを得る」ことである．具体例としては，「到達したい，できるようになりたい，自分の中の生の感情にオープンな態度．(B)」や，「結婚した人の話を聴いていく中で，なんか，その，その話の中で，うらやましいなって思うのって，なんか，すごく結婚したことで落ち着けたとか，安心できる感じがあるっていう，いいな，っていう(F)」がある．いずれも，面接の目標に加え，それが達成された時の内的な状態もイメージされている．また，「なんか，僕の将来の家族と言いますか，家庭の形と言いますか，そのことのなん

か, まとまりのような (G)」のように, 生活の文脈に広くイメージが広がっている場合もみられた. 上述の〈価値を感じられるもの〉に似ているが, より強く目標としてイメージされているものである. 人によって未来のイメージが比較的明確になる場合もあれば, そうでない場合もある. どうなりたいのか, について明確にするために, 人によって必要な時間や変化の速度が異なるということであろう.

またCでは, 主体性の向かう先としての未来イメージ以外のものが見られた. ネガティブな目標としての「毎日のことでそれなりに大変だから, これ以上の負担は大変だろうなあ, という感じのことを, あの, それぞれの言い方で表現しているのかな, というような感じがします.」や, 義務的な目標としての「大変そうという言葉, だけだとマイナスなんですけれど, プラスととらえて自分を鼓舞しなければ, と思って, 前向きにやってかなきゃ, という感じです」があり, これらを対極例とした.

分析前には, 問題へのとらわれが減り, それへの対処法が描けることで, その対極としての未来のイメージが生まれるのかとシンプルに考えていたが, そうではなかった. むしろ, 主体性が向かっていく先としての未来イメージであり, 問題への見方という静的なものよりは, 動的なイメージがある. そして, 問題の対極として未来があるわけではない. それは問題とは別に表れるようだ. これは, 問題や解決をそれぞれに独立した静的なある状態ととらえるのではなく, むしろ人の主体性が刻一刻と変化しながら生きるために繰り広げる活動の, ある1つの位相ととらえることが適当であるということと考えうる.

〈多様性への関心〉は, 「物事がプラスマイナス両面あるいはそれ以上の側面を持つことに目を向ける. あるいは, そのことに対処したり, 意味を見出そうとする」ことである. 面接を通じて物の見方が多面的になっていく. それは新しい価値の発見であったり, 対処すべきものへの関心であったりする. さらにそれを統合しようとする動きも見られる. 具体例としては, 「(考えることは) プラスなんですけど, 今回みたいに考えすぎてしまったりとか, 考えるだけに陥

ったりすると，考えるだけでぐるぐる回り．だから両面がある（A）」や，「なんか今，自分が安定した仕事につけるかわからない不安て言うのと，どういうことやるのかなっていう楽しみと，両面，あるという意味で．そんなに楽しいことだけでもないだろうし，辛いことだらけでもないだろうな，というイメージなので．きれいに 0 な感じですね．楽しいことばかりでもないし，つまらないことばかりでもない，というかんじで（G）」がある．今までマイナスの面に気を取られていた，或いはプラスの面だけしか見えていなかった状態から，視野が広がり，それ以外の側面が見えるようになり多様性に気づくプロセスである．さらには物事の多様性に新たな意味を見出して行く動きに発展することもある．

　〈つながりによる支え〉は，「自分にとって支えとなるものや，他者との関係性に改めて気づいたり，あるいは新たに見出したりする」ことである．具体例としては，「はい，プラスです．いろんなところ，行く先々で，話してくれる人，一緒に会話を楽しんでくれる人がいるって言うのが，すごい幸せなことだと思って．これは変わらないんですけど，「寝られないの？」とか，気にしてくれてる人もいるし，こちらから言って，あのさあって，話すこともあるんですけど，そういうことで，なんか落ち着いてくる．（H）」や，「（連想項目『親』のイメージについて）プラスですね．まあ，僕の将来どうなるかわからないですけど，一番喜ばせてあげたいですね．やっぱりもう，自分のことだけ考えてほしいといいますか．やっぱり，まだ僕のこと考えなきゃいけない．今の時期，そうなので（G）」などがある．悩みそのものとは直接関係しないが，その周囲にあって影響を及ぼしている要因である．家族や友人とのつながりによって支えられ，辛いことがあっても頑張れる．また，心配をかけないように頑張りたい．このように，普段は見えていない，意識していない他者とのつながりが，問題への対処を含めた日常の活動にさまざまな影響を及ぼしていることを再認識する動きと言えよう．

（4）カテゴリー 4 【解決への主体の動き】

　問題解決や，生活の文脈全体における世界への関わりについての概念3つが集まった．

　〈主体的関与〉は，「自分自身の内界や外界の中で，今まであったものや新しく見出したもののうちから大切なものを見極め，自ら働きかけようという意思を持つこと」である．　人は自分にとって意味のある物のほうへ動いていく．この概念では，その方向がわかり，かつ，動く意思がある様子が示されている．その時，どのように動くかについてもイメージしている．具体例としては，「いろんなことが流れていることが大切，と，今回の面接で実感した．でも，流れちゃったり，つかむべきところでつかめなかったり，流される，とは違うので．よどんでいるときも，それがあったから，次がある，みたいなこともあると思うし，絶えずそんな，さらさら流れるって言うことは，そうないと思うので，流れているところにきらっと光るものがあったとしたら，それをしかるべきところで拾い上げたりとか，したいな，と思って（A）」のように，自分の心の中で主観的な感覚としてとらえた大切なものに向かって，働きかけていこうと言う構えを持つ場合もある．あるいは，「向こうの人が，なぜか電話を取るようになったという．でもそういうことがあると，自分の気持ちが大きく変わるものだなあと思って，気持ちが変わると態度も変わるし，自分の態度が変わると向こうも変わってくるような感じがあるし（D）」と，現実の対人関係のやりとりを通じて，自らの心の変化を感じ取り，それを礎にして新たな関わりを作り出して行こうとする動きなどがある．大切にしたいものを，価値あるものを実感して，それに向かって行く動きといえるだろう．認識や感情など内的過程の段階であるが，それがやがて実際に外界に働きかける行動となって表れていく．

　〈現状認識から生まれるプロセス〉は，「大切なものに対して関わりたいという気持ちを持ちながら，自分自身や周りの現状が必ずしも良好ではないことを見極め，戸惑いや困難も認識し，行動を保留，あるいは少しずつ行動しようと

している」ことである．今現在をしっかりと踏みしめながら，少しずつ足場を確かめ周囲を確認しながら進んでいく．現状でプラスの要素だけが見えているわけではない．また目的が見えている場合もそうでない場合もあるが，とりあえず今何をすべきかわかっているしそれを実行する意欲もある状態である．具体例としては，「難しい攻撃性，怒りを表すクライエントは簡単なものではない，と判っていて，時間はかかるでしょうけれど，課題として，やっていければいいのかな（B）」や，「次の仕事がみつかるか，とか次の仕事に関すること，今よりは収入があったほうがいいとか，あと，やめるとしたら，どうかっていう．次の仕事に関するテーマですね．それによっては今のをずっと続けるかって言う（E）」などがある．目的にまっすぐに向かって行くというよりは，周りに目をやりながら，迷いつつ模索しているイメージである．それでも進んで行こうという意思があるのは，進んで行く先に何らかの価値を感じられるからである．その意味では，おぼろげであっても目標にどこか肯定できる面があることが，進んで行くためには必要だと言えるだろう．

　また，〈未来のイメージ〉とも関連は深い．未来のイメージが見えてはいても，すぐには到達できず，そこに至るプロセスについて述べたのがこの〈現状認識から生まれるプロセス〉といえるだろう．

　なお，この概念には対極例があり，それは「もともとそんなにあがいてたわけじゃないんですけど，最近なんかますます脱力気味なので，そういう意味では深刻に考えようとしてないな，っていう．感じもしてますけれども，それがいいのか悪いのかは別にして，そういうことなんだよな，っていう感じで．あの，割合シンプルに受け止めているかなあ（C）」というものである．目標となるものが見えない，或いは価値を感じていないという点において対極をなしていることから，概念〈現状認識から生まれるプロセス〉は，その点が限界となっていることがわかる．

　〈解決のための行動〉は，「問題を解決するために，自らが解決の主体であることを自覚し，行動を起こそうと考えたり，実際に行動したりする」ことであ

る．具体例としては，「自分なりの努力，運動，お風呂っていうのは，努力しなければなされないことだと思うんですよ．運動っていうのもやるぞ，って思わないとできないし，お風呂っていうのもシャワーだけで過ごすんじゃなくて，湯船に入りたいって思って，やらないとできないというのがあって（H)」のように，具体的な行動をすでに行っている場合もあった．また，「なんか自分で，何かをするって言うよりもまずその前の段階として，なんか自分でできることをなんかまず探せるといいのかな，っていう気が，していて（F)」の場合は，具体的な行動をイメージし，これから実行しようとしていた．共通して，具体的な行動がイメージできている状態と言えるだろう．さきの２つの概念〈主体的関与〉と〈現状認識から生まれるプロセス〉が，いよいよ形となっていく段階だと言える．この３つの概念が互いに影響し合って，【解決への主体の動き】が生まれていることになる．

　そしてこれは問題のイメージのカテゴリー２【問題に対する主体の動き】と対比してとらえることができる．問題に圧倒されて迷いつつ，その中でかろうじて踏みとどまっていたのが【問題に対する主体の動き】だとすると，【解決への主体の動き】では，目標や価値のあるものに向かう動きがより力強くなっていることがわかる．

（５）カテゴリー５【これでいいという感覚】

　現在や未来の自分自身や世界を肯定し，安心感を感じている体験に関するもので，２つの概念から構成された．

　〈みとおし感〉は，「ある程度満足できる状態に達したと感じており，それによって，今後の安定した見通しが得られていると感じられている」ことである．今まで大変だったところを何とか抜け出したという思いがある．そしてこれからは少し先が見えていて自分なりにやれそうだという感じを持っている．具体例としては，「一番最初は，一緒にやるっていうのはとてつもなく嫌だったんですけれど，そんなこともなくやっていけるのかな，と思うようになったので，まあ，何とかなるんじゃないかと思って．（D)」では，「やれそうだ，なんと

かなる」という自分への信頼や安堵感が表れていた．あるいは，「今はほとんど気にならない，というのと，今後うまくいきそうに感じる，というのは，なんかその問題とか，人間関係について，感じることで，まあ3つに共通してるのは，割とポジティブな今後の展望ですかね（I）」と，主に先の見通しの明るさが語られている場合もあった．問題と思っていたことが晴れて，見通しが立っている．それは解決したことへの達成感を礎とした，これから先の道への感覚である．これがない点で，問題のイメージの〈これからの見通しへの懸念〉を対極概念として見ることができる．

　〈現在の自分の受容〉は，「自分がこういう人間であると改めて実感したり，以前と比べて変化したと感じ，それを肯定している」ことである．具体例としては，「すごい，最初は特に気になってて，問題として書いたんですけど，実際なんかその，問題の場面がまたあったりとか，その人との関わりがあったっていうわけではないのに，そうやって，気にしなくなったって言うのは，結局，何だろう，事実とか，その，関係性とかは変わってないけど，自分自身が変わることによって，そういう風に，考えられるようになったので，そういう風に考えられた方が，なんか，いいな，って，自分自身思うので．（I）」と，面接を通して獲得した考え方やものの見方が，自分自身にとって望ましいことを喜ばしく思っている場合もある．あるいは，「お話をしたことで，自分がそんなに頑張れない性質だというか．あまり無理をしない性質だというのは，確かに，言って，確認したというか．あ，まあまあ，やっぱりそうだよな，というのは，あったので，そういう意味では，またこう，納得しなおしたのかもしれないんですけれど（C）」などのように，自分自身のネガティブな側面を改めて見直して納得すると言う場合もあった．

　問題のイメージでは，問題に関心が集まっていたため，自分についての言及は見られなかった．それゆえ対比される概念が見られない．自分についての言及が含まれる点に，解決のイメージの特徴があると言えよう．その一方で，自分がここまで来たという思いと，これでまたなんとかやっていけそうだという

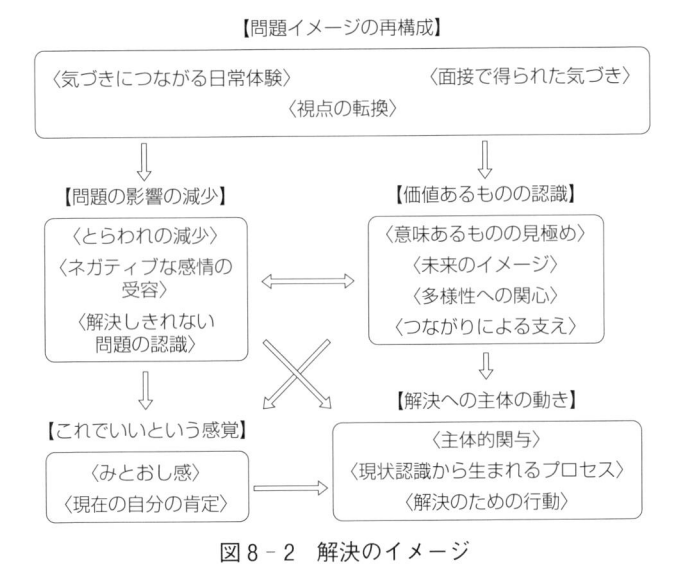

図 8‑2　解決のイメージ

感覚が同時に存在している．これは前出の概念〈みとおし感〉とも共通すると
ころがある．このことから，この2つの概念から構成されるカテゴリー【これ
でいいという感覚】は，これまでを振り返りおおむね肯定する動きと，これか
ら先の時間に関心を向ける動きとの，対をなす動きの合流点であるということ
ができる．

8‑3‑4. 解決のイメージとストーリーライン

　結果図を**図 8‑2**に示す．文章化してストーリーラインを生成した．以下，
これを解決のイメージとする．

　個人は〈面接で得られた気づき〉や，〈気づきにつながる日常体験〉から，
〈視点の転換〉を体験し，それによって問題に彩られていた世界観に【問題イ
メージの再構成】がもたらされる．

　すると以前のように問題に圧倒されなくなり，個人は【問題の影響の減少】
を体験する．それは辛い思いや現実の問題が完全に消え去るということではな

く，ネガティブな感情が以前より低減したり，解決しきれない問題があっても抱えきれないほどではないと認識することである．

　また平行して【価値あるものの認識】が生じていく．それは社会的な価値と必ずしも一致しなくても，自分にとって確かに意味があると感じられるものを再認識したり，新たに見出して大切にしていこうと考えるような〈意味あるものの見極め〉ともいえる体験である．また，物事が一面的ではなく多様であることに気づいたり，新たな価値に出会う〈多様性への関心〉も見られた．改めて身の周りにある〈つながりによる支え〉に気づくこともあった．さらにこのような見方の変化から〈未来のイメージ〉を見出し，行動のモチベーションとなる．

　このように問題から受ける影響が減って心的エネルギーが賦活され，とらわれから解放され，価値があると感じられるものに出会うと，主体的に関わっていこうとする構えが生じ【解決への主体の動き】へとつながっていく．必ずしもすぐに目標に到達したり，問題や障害がまったくなくなったりするわけではないが，それを踏まえた上で目標までの道程を前向きに進もうとする〈現状認識から生まれるプロセス〉が生じていく．さらに〈解決への動き〉として実際の行動へとつながる場合もあった．これらの【解決への主体の動き】が生じるためには，〈未来のイメージ〉がその個人にとって価値があると感じられていることが必要で，それが満たされないと戸惑いが生じることもある．またとらわれから解放されることから，完ぺきではないがある程度満足できる安定した見通しが得られたり，現在の自己を肯定してどこか納得できるようになり，【これでいいという感覚】が生じることも【解決への主体の動き】につながる．

　これらの【問題イメージの再構成】によって【問題の影響の減少】や【価値あるものの認識】が生じ，【解決への主体の動き】が強まることと，これらの相互に影響しあう動きが解決のイメージの中核となる体験である．【価値あるものの認識】によってポジティブな事象を見出すことが，主体への力強いサポートとなっている点にも，解決のイメージの特徴が表れている．

◉8-4 考 察

8-4-1. 「問題への認識」および「問題への関わり」との関連

問題および解決のイメージにおいて，主体の動きがみられた．また，主体の動きはさまざまな他の概念やカテゴリーと結びついていた．このことから，世界観および問題への認識と関わりは，必ずその主体と結びついており，それは解決の前後に関わらず同様であることが示唆された．このことはすでに第5章で言及しているが，より多くのケースについて共通してみられることが明らかになった．

そして，図8-1問題のイメージにおける【問題に対する主体の動き】は，問題に向きあったり，あるいは避けようとする動きであり，これまで論じてきた「問題への関わり」に対応するといっていいだろう．問題のイメージにおけるそれ以外の概念は，問題をどのようにみているかという点が共通しており，「問題への認識」に相当するといえる．同様にして，図8-2【解決への主体の動き】も，これまでみてきた「問題への関わり」に対応し，それ以外の概念は「問題への認識」に対応していると言っていいだろう．ただし解決後のイメージなので，「解決への関わり」「解決への認識」と表現するほうが妥当であろう．これらをまとめて，以下，「世界への関わり」「世界への認識」と呼ぶことにする．

本章での分析を行うことにより，「問題への認識」と「問題への関わり」が，どのような要素を持ち，互いにどのように影響し合っているのかを，詳細に明らかにすることができた．

8-4-2. 「問題」から「解決」への変化

9人の協力者の内，問題解決につながるような行動変容および現実の問題の解消が見られたのは4名（協力者A，B，D，H．以下，アルファベットは協力者を示

す）のみであることから，解決とは問題が実際に消えることとは限らないことがわかる．また2つの結果図を比較すると，問題のイメージでは関わりの対象が問題に限定されているが，解決のイメージでは世界や自己との関わりが含まれている．すなわち関心が問題に集中して世界に上手く関われない状態から，世界に開かれた状態へと変化している．さらに〈未来のイメージ〉や【これでいいという感覚】は「普通で平静だからやっていけると思う（D）」と，【解決への主体の動き】につながる様子がみられる．解決のイメージでは世界への関わりが変化し，以前よりも主体的に関われているという感覚が中核となると考えられる．ここでいう「主体的」とは，第5章で述べた「個人が行動選択の主体であることを自覚し，適切な結果に結びつくよう主体性を働かせること」である．

　そこで2つのイメージに共通して見られた，主体の動きと，価値に関するカテゴリーとの関わりの変化を検討する．なお，ここでいう「主体の動き」は，その内容から，第5章の主体性の定義「内外からの刺激に対応するための主体による行動選択とそこに至るプロセス」で置きかえることが可能である．まず【問題に対する主体の動き】には《引き起される行動》と《対処しようとする傾向》が含まれ，このうち後者は〈事態をよりよくしようとする意思〉〈迷いと揺れ動き〉〈バランスを取ろうとする配慮〉という3つの概念からなる．そしてたとえば〈迷いと揺れ動き〉の「仕事と結婚と出産，全部，やりたい，っていう感じとかがプラスの感覚で，でも，全部，できるかなあ，っていう不安な感じがあって（F）」に見られるように，自分にとってよりよい選択を真剣に考えるからこそ不安を感じ揺れ動く姿が現れている．〈バランスを取ろうとする配慮〉では「（家庭と仕事は）どっちもよくないと，ダメなところだと思います．片方だけでも，ひっくり返っちゃうような（G）」のように，多くのことのバランスを大切にしようという姿勢が伝わってくる．このように《対処しようとする傾向》には，ネガティブな感情を感じ，抱えられる力の存在が前提となっていることが理解される．そして不安（F，E），憤り（D），恐れ（B）

を感じ抱えながら，〈事態をよりよくしようとする意思〉の「どうするかというのを，考えたいと思っているので．びくびくしっぱなしではいけないと思っているけれど (B)」に見られるように，ネガティブな感情のなかでなんとかしようと立ち現われる構えや動きといえる．同時に，「逃げたくなる．クライエントに怒りという感情をぶつけられたときにまず，出てくる感情だったり，とってしまう行動 (B)」と語られるように，ふとしたきっかけで抱えきれなくなり《問題への反応》へと推移しうる危うさを内包していることがわかる．そして【価値を見出しうる対象】は，問題に向きあうときの支えや目指したい目標となっていると同時に，「自尊心の問題．仕事でこういう肩書きを持つことで，自尊心が保たれているって言う意味で (E)」のように更に理想を求め転職に悩む例や，「わかりあえないけど，わかりあえたらいいと思う．まあ自分の気持ちでもあるので (I)」のように，望みや大切な物を守ろうとして悩みが生じるという事態も見られた．つまり問題のイメージにおいては，【問題に圧倒される体験】によって不安定な主体の動きが生じる上に，【価値を見出しうる対象】の相反する影響力によって混乱し，より一層不安定でネガティブな体験となる可能性が示されている．

　これに対して【解決への主体の動き】は「いろんなことが流れていることが大切．と，今回の面接で実感した．(中略) 流れているところにきらっと光るものがあったとしたら，それをしかるべきところで拾い上げたりとか，したいな，と思って (A)」のような力強い動きとなり，さらに価値あるものを明確な目標として強く意識している．そして「職場に対してスキルをたくさん身につけさせてもらっているのでポジティブにとらえてます (E)」と価値あるもののポジティブな影響力に注目するようになり，活かしやすくなっていた．そして「最初の面接のときは，すごく嫌な感じをその人に対して持っていたので，そういう感じではなくなって，普通の気持ちでいられるということなんで，よかったんじゃないのかなと思っています．(D)」のように問題と共存するような主体としての動きが生まれていた．

　以上より，面接を行う前は主体と価値との相互影響は両価的で不安定であるが，面接後にはより安定しポジティブな面を活かしやすくなっており，完全な解決に至らなくても問題と共存しうるような新たな調和が生じているといえるだろう．また既述のように主体の動きを「内外からの刺激に対応するための主体による行動選択とそこに至るプロセス」ととらえることが可能であり，その場合，価値は内側からの刺激として影響をおよぼすものと言えよう．

　これらの違いをもたらすのは【問題イメージの再構成】であった．この中の〈面接で得られた気づき〉には，「この3回の面接で思ったことは，流れることが大切．面接を受けていろんなことが流れ出した気がする（A）」のように【価値あるものの認識】につながったり，表3の具体例（F）や「カウンセリングを受けて，一番変化したところ，そうやっていくしかないんだろうな，という覚悟ができた（B）」のように主体の動きにつながる影響が見られた．価値は，個人が自分を取り巻く人々や世界と関わる際の指針となりうるため，世界に対する認識と世界への関わりの双方に影響を及ぼすことを考慮すると，上記のプロセスは Wachtel（1993）が「心理療法で生起することの多くは，患者が世界を理解し体験するための新しいカテゴリーと心的構造のセットを構成するのを助ける過程」と述べたことの1つの表れと見ることができる．

　なお〈面接で得られた気づき〉は，〈現在の自分の受容〉に至る場合（C.I）なども含む多様なものである．そして〈気づきにつながる日常体験〉は，変化を促す要因のうち治療外要因が約40％を占める（Lambert. 1992）ことから，効果に貢献する面接プロセスの一部とみなしうる．これらの背後にある〈視点の転換〉を通じ，全体として【問題イメージの再構成】は世界観や自己概念も含めた多方面に影響し変化をもたらしたと言えよう．

8-4-3. 実践に向けて

（1）「主体としての動き」への支援

　クライエントには主体的に動けている感覚が重要だが，来談時には思うよう

に動けていないと感じている．そこで，どれくらい問題を抱え向き合うことが可能かなど，クライエントの状態を見立て，それに合わせながら有効な動きに結びつくよう支援することが望ましいと言えよう．その場合対処しようとする傾向と協働することが効果的な一方で，一見有効ではない対処についても，その根底にある向きあえない辛さや向き合おうとする努力に関心を向けることが，クライエント固有の力への支援として重要であると考えられる．第5章で述べたように，主体性は，社会的には一見消極的な動きを選択することもあるが，そこには行動の準備状態，アクション・レディネス（Frijda, Kuippers & ter Schure, 1989）としての何らかの意味があるからである．その動きを支援することが，クライエントのかけがえのなさを認め，支えることになる．また，積極的であろうとしても流動的で繊細な力に対しては，クライエントが感じている自分自身の力への心もとなさも含めて，配慮しつつ支えていくことが重要となる．そのためにはさまざまなメッセージに関心を向け，クライエントの状態を多角的に見立てるセラピストの視点が欠かせない．たとえば理想の姿について悩むクライエントを支援する場合，クライエントが理想の姿をどのように見ているかを共感的に理解することがまず必要であろう．その理解をもとに，理想の姿を話題にすることがエンパワメントになりうるかを見立て，よくない影響の可能性が高いと思われる場合は話題にすることを保留するなど，見立てに沿った対応をする必要がある．

（2）価値と主体との相互作用への支援

　価値に関するカテゴリーが問題と解決の両方のイメージでみられたことから，ウォルターら（Walter & Peller, 2000）の指摘のように，何を問題あるいは解決として見るかは何に価値を感じるかに影響を受ける可能性が示唆された．また，価値を見出しうる対象は個人の支えになっていることも示された．よってクライエントがどのようなことに価値を見出しているかについての固有の体験に関心を向け，それに関連して問題をとらえることが，クライエントとの協働およびその後の心理療法のプロセスや効果にも影響することが示唆された．

そして主体としての動きと価値との相互作用が見られ，心理療法を通じての問題解決は世界観の再構成による主体的な価値選択という側面を持つことが示唆された．適切な価値選択へのサポートの機能が心理療法に求められる．また，新しく得られた視点が終結後もよい影響を持ちうることや，クライエントが主体的に価値選択できる姿勢を保持することは，心理療法の効果の持続に関連する．視点の転換の内容の差異がどこから生じ，それが効果にどのように影響するか等について検討が必要である．

（3）「認識の主体」と「関わりの主体」への支援

「主体としての動き」において，対象である問題と主体とは絶えず関連している．「世界への認識」と「世界への関わり」には，必ずそれに対応する「主体」が存在する．この点で，本章の分析をとおして「世界への関わり」においては主体としての動きが前面に現れたが，「世界への認識」においては，その主体は表に現れなかったといえるだろう．しかし，「世界への関わり」に対応するカテゴリーは，他の「世界への認識」に対応するカテゴリーと相互に関係しているため，認識においてもその主体となっていると想定することは自然であるし，実際の面接場面での経験とも矛盾しない．

むしろ現実には，「主体」があって，そこから「問題への認識」と「問題への関わり」が生まれる．いずれにしろ，「主体」を切り離して考えることはできない．

心理療法の面接の中できかれるのは，このような「認識の主体」および「関わりの主体」による語りであって，主体と切り離された「問題」が存在するわけではない．だが少なくとも来談当初は，そこでの話題は「問題」に焦点が当たっている状態にある．そこで，この研究の結果から，「主体としての動き」を支援することが効果的であることが示唆されたが，いかにして「問題」に焦点が当たっている状態において，「主体としての動き」への支援へとつなげることが可能であろうか，を検討することは意義あることである．

1つには，「問題」と「主体」とは分かちがたく結びついているため，「問

題」についての語りは，同時にそれを認識し関わる「主体」についての語りであることに留意する．それによって，「問題」についての語りを，同時に「主体」についての語りとして聞くことができる．

　もう1つは，「問題」に焦点を当てながら，次第に「主体」へと，段階的に焦点をずらしていく可能性を考える．より具体的には，「問題への認識」および「問題への関わり」についてのクライエント自身の考え方を尋ねることが助けになるかもしれない．あるいは，「問題への認識」および「問題への関わり」についての語りに対して，「認識の主体」および「関わりの主体」に焦点づけた返しを，セラピストが行うことが助けになるかもしれない．

　まとめると，以上の結論は，世界観という切り口を用いて，PAC分析とM-GTAを援用し，個人の主観から，問題の見方が心理療法を通じてどのように変化するかを検討した結果，得られた示唆である．第5章および第6章での個別事例での検討結果を包含し，健康な成人に対するより広い一般性を持つものとしての妥当性を保証するものといえる．また，これらの示唆は，従来の量的指標による成果研究では扱われなかったものであり，「心理療法の成果研究における課題点（複雑性という観点から）」（**表2-4**）を補うものであった．

　そこで次に，この変化を可能にする心理療法のモデルを提案したいと考える．その際，主体としてのクライエントがどのように問題を認識し関わっているか，という点は，「クライエントの変化に影響を及ぼす要因」（Lambert, 1992）のうち，「クライエント自身の要因」として考えることが可能であるが，同時にセラピストとの相互作用の中で変化しうるものとも考えられる．そこで次章では，本章での分析の結果示された，問題のイメージから解決のイメージへの変化を可能にし，効果的な関わりにつなげるための，セラピストとの相互作用のモデルを，仮説的に提示することを試みる．

第9章 「認識と関わりの主体」モデル

◉9-1 目 的

　本章の目的は，第8章までの検討を踏まえ，本書の成果としてのモデルを提示することである．

◉9-2 「認識と関わりの主体」モデルの提示

　前節までの検討から，支援にあたっては，問題および解決に対する認識と関わりの主体としてのクライエントに関心を向けることが重要と考えられる．そして「認識と関わり」と，その「主体」とのつながりがたえず意識されていることが望ましいのではないか．これは，クライエントが主体であることと，それゆえに認識や関わりの原動力となる生きる力を備えていることをセラピストが認識し，それが動きを生じ形を成していくプロセスを支援していくことであると考えられる．

　第5章の事例を例にとると，事例Aでは，最初「いろんなことが面倒くさい」という認識から，「片づけも人づき合いもアルバイトもしなくなっている」という世界への関わり方が語られている．ある意味，動きが停止している状態である．それが，事後PAC分析では，「流れること」という新しい認識が生じることによって，「考えること」というそれまでのありように新たな動きが生じている．そして「流れることと，考えることの，バランスが大切」という

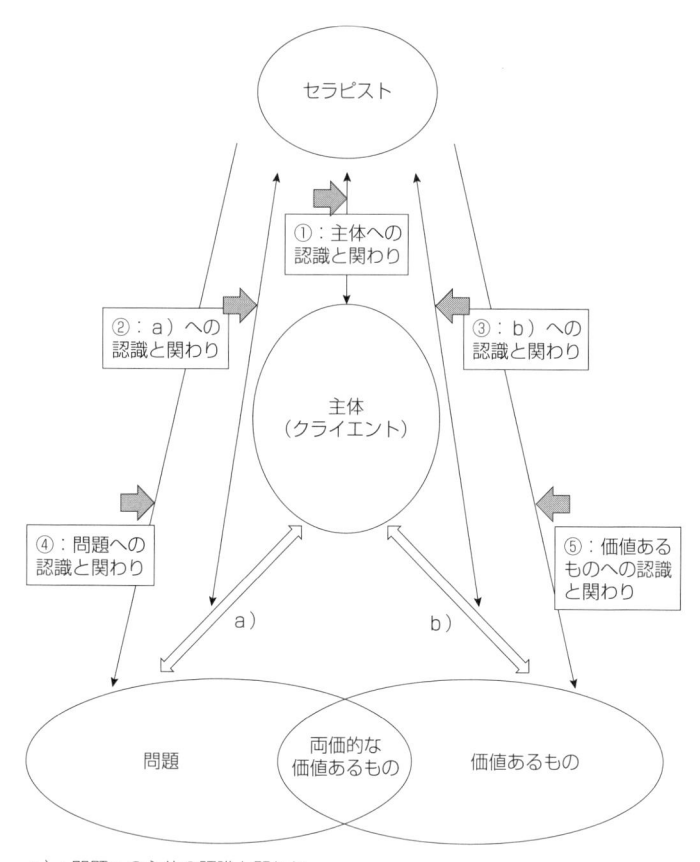

図 9 - 1　「認識と関わりの主体」モデル

認識に変化し，「実際に友人の誘いに応じたり家の中を掃除する」という関わりとして形を成すに至っている．そしてこうした変化は，主体と切り離されたものではなく，絶えず主体としての動きから生じるものである．

　このような動きをサポートするための仮説的モデルを「認識と関わりの主体」モデルと命名する．**図 9 - 1**にモデル図，**図 9 - 2**に，変化の可能性とそのために有効な介入を示した．

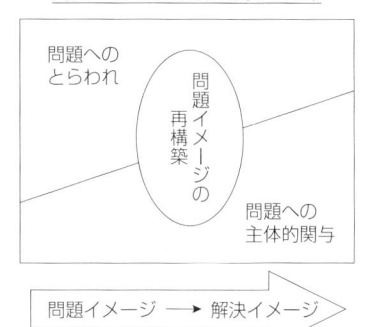
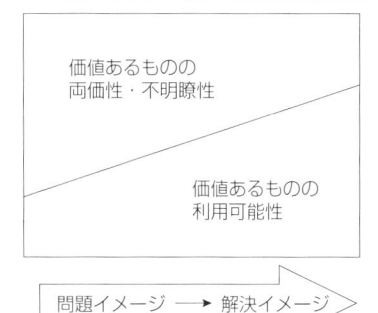

図9‑2　「認識と関わりの主体」モデルにおいて「問題への認識と関わり」，
　　　　「価値あるものへの認識と関わり」に対する有効な介入

注：○内の数字は，図9‑1において該当する介入の箇所を示す

　まず図9‑1について説明する．白抜きの矢印が主体であるクライエントと世界との関わりを表す．a）が「問題への主体の認識と関わり」，b）が「価値あるものへの主体の認識と関わり」を表している．第8章の分析結果である図8‑1「問題のイメージ」は，事前 PAC 分析時点における9名の協力者のa）とb）に相当する．同じく図8‑2「解決のイメージ」は，事後 PAC 分析時点でa）とb）に相当する．

これらのａ）とｂ）に対するセラピストの認識と関わりを，黒い実線の双方向矢印①〜③で示した．① 主体に対する認識と関わり，② ａ）（問題への主体の認識と関わり）に対する認識と関わり，③ ｂ）（価値あるものへの主体の認識と関わり）に対する認識と関わり，を表す．

これらと同時に，クライエントの訴える問題や持てるリソースに関して，セラピストも専門家の立場から見立てている．それらを黒い実線の単方向の矢印④〜⑤で示した．それぞれ，④ 問題についてのセラピストの認識と関わり，⑤ 価値あるものについてのセラピストの認識と関わり，である．これらを，クライエントの体験に配慮しながら面接の②および③で伝え，活かすことも可能である．

9-2-1. 問題への主体の認識と関わり（ａ）への介入

次に図 9 - 2 について説明する．この図は，問題イメージから解決イメージへと移行するに従い，ａ）とｂ）がどのように変化するか，および，そのために有効と思われるセラピストの介入の内容を示している．図 9 - 2 のカッコ内，◯内の数字およびａ），ｂ）の記号は，図 9 - 1 の記号と対応している．

以下，図 9 - 2 に沿いながら，図 9 - 1 の矢印で示されたセラピストの介入を解説する．

（１） 認識と関わりの主体への関心（①）

ここでは，かけがえのない主体としてクライエントを尊重するために，見立てと介入を行う．技法としては，いわゆる傾聴，よく聞いて認めることである．クライエントは，問題を認識し，関わる主体である．そこで，問題についての語りを否定せずに聴くことは，感情も含めた認識や関わりの妥当性を認めることになり，主体としてのクライエントを認めることになる．これにより，これまでの努力をねぎらい，これから問題に関わっていく主体としてのクライエントの動きをサポートすることができる．この傾聴のプロセスは，「わかってもらえた」感覚となり，これからともに問題に向かって協働するための信頼関係

の礎としても機能する.

（2）認識と関わりの内容についての検討（②,④）

　問題を理解して，問題に向き合い，具体的に対処できるようサポートする. 問題への認識と関わりの内容を，セラピストが質問を交えて詳しく聴きとる. クライエントが「問題をどのように見て，体験しているか」について，クライエントとセラピストとで共有する. また，問題にどれくらい圧倒されているのかについても話題にし，見立てることができる. それとともに，セラピストが質問をしながらやり取りをすることで，詳細な点，見落としていた点，視点が偏っていた点などについて扱うことができる.

　これらのプロセスを通じて問題イメージが変わり，多くの場合再構成される. そしてこの段階までで，問題だと思っていたものが問題ではなくなり，解決に至ることもある. 場合によっては，セラピストの問題についての見立てを伝えて共有し，役立てることもある. これは④に関連する.

　④は，クライエントの訴える「問題」についての，セラピストの見立てと介入である. クライエントの訴える問題について，セラピストもまた，専門的あるいは第三者的な視点から，認識を持っている. それは心理療法という文脈で介入に活かされるという意味では，見立てと呼ばれる. その内容は，セラピスト自身がよって立つ臨床理論によってさまざまである. 主体性を妨げるものとして，病理や障害もここに含まれる. この見立ては，必要に応じて十分な配慮のもとに伝えられ共有される（主に②）ことにより，主体としてのクライエントが問題に関わる際に，より有効な関わりに結びつくよう活かすことができる. これは問題イメージの再構成のサポートにもなりうる.

（3）主体の状態の見立て（①,②）

　問題に圧倒される経験の中でも，クライエントは何とかしようと問題に向き合おうとしている，関わりの主体である. そこで主体の状態を見立て，適切に関われることが望ましい. 分析の結果,「対処しようとする傾向」には,「事態をよりよくしようとする意志」「迷いと揺れ動き」「バランスを取ろうとする配

慮」が下位概念として見られた．これらは排他的ではなく，同時に存在することも多いが，どの状態がより強く出ているのかを見立てられると有効である．

　また，問題を認識しつつも，「対処しようとする傾向」に至らず，回避的あるいは非生産的な状態にある場合も多いので留意する．

（４）対処しようとする傾向との協働（②）

　「対処しようとする傾向」の，それぞれの状態によって対応を工夫する．「事態をよりよくしようとする意志」に対しては，それを認め，支えながら同行する姿勢が重要であろう．「迷いと揺れ動き」では，クライエント自身迷っていることにネガティブな感情を抱いていることが多いので，当然のことと認めたうえで，不安を支え，ともに考えていく必要がある．「バランスを取ろうとする配慮」では，自分なりの考えがありながらも他者や周囲を見渡す配慮に感服しつつ，どこに比重を見出すかを見守る姿勢が重要といえる．

　回避または非生産的な状態にある場合は問題に圧倒されていることが多いので，まずクライエントを支え，少しでも脅威が和らぐようにサポートしなければならない．

（５）認識と関わりの主体への焦点づけ（②）

　問題に影響を与える「主体」としてのクライエントに関心を向ける．信頼関係がある程度構築され，ある程度問題を冷静に見られるようになった段階では，クライエント自身が「認識の主体」「関わりの主体」であることに焦点づけ，認識できるように介入することで，より主体的に問題に関わることをサポートできる．これは，問題を強く意識しているけれど，問題と自分自身との関連にはまだ気づいていない段階で用いると有効である．面接の中で語られる「問題への認識」「問題への関わり」に対して，その「主体」を含めて言及しながら伝えることで，問題に影響を与えうる主体としての自身に目を向けるようサポートすることが可能になる．具体的には，「あなたには，そう感じられるのですね」など，主語をやや強調して伝えるなどの方法がある．

　なお，これは，時期尚早の段階で伝えると，まだ十分にエンパワーされてい

ないクライエントには過大な負荷になるので，タイミングを見計らう必要がある．

（6）対処法の検討のサポート（②，④）

　問題イメージの再構成だけで解決に至ることもあれば，それを踏まえたうえで対処行動を検討し実行することが必要な場合もある．具体的な対処行動が必要な場合は，主体としてのクライエントが対処行動を検討し実行するのをサポートする必要がある．場合によっては，セラピストの問題についての見立てを伝えて共有し，役立てることもある．これは④に関連する．

9-2-2. 価値あるものへの主体の認識と関わり（b）への介入

（1）価値あるものへの関心（③，⑤）

　主体が価値あるものを理解し，活かせるようサポートするため，「価値あるもの」をどのように認識しているかを扱う．世界を認識する主体としてのクライエントは「価値あるもの」を認識できているだろうか？　できているとしたらそれはどのような認識か？　クライエントにとって何が「価値あるもの」なのか？　「価値あるもの」を活かせると感じているだろうか？　などについて，クライエントの語りを聴くことや，セラピストが質問をすることなどにより見立てることが可能である．この研究での**図8-1**「問題のイメージ」にも見られたように，「価値あるもの」は問題に圧倒されているときは特に，両価的で利用しにくい状態にある．そのことも含めた見立てがぜひとも必要である．また，両価的な段階では，「価値あるもの」も問題の礎の一部となりうることはすでに述べた．このように，場合によって問題とも「価値あるもの」とも見えることから，**図9-1**では，重なる部分を記した．これが「両価的な価値あるもの」である．また，さらに場合によっては，クライエントの有する「価値あるもの」についてのセラピストの見立てを伝えて共有し，役立てることもある．これは⑤に関連する．

　⑤は，クライエントの有する「価値あるもの」についての，セラピストの見

立てと介入である．「問題」に対してと同様，クライエントの有する「価値あるもの」についても，セラピストは専門的あるいは第三者的な視点から，認識を持っている．それは心理療法という文脈で介入に活かされるという意味では，見立てと呼ばれる．その内容は，セラピスト自身がよって立つ臨床理論によってさまざまである．この見立ては，必要に応じて十分な配慮のもとに伝えられ共有される（主に③）ことにより，主体としてのクライエントが「価値あるもの」に関わる際に，より有効な関わりに結びつくよう活かすことができる．これは価値あるものの認識のサポートにもなりうる．

（２）価値あるものを伝え，共有する（③，⑤）

技法として，ブリーフセラピーでよく用いられるコンプリメント（De Jong & Berg, 2007）が有効と思われる．コンプリメントは，一般に「称賛とねぎらい」と訳される．これは，「あなたは努力家ですね」など直接称賛する直接的コンプリメントと，「どうしてそうやることがいいとわかったのですか」など，クライエントに自らの資質を語るよう促す間接的コンプリメントがある．

（３）価値あるものの活かし方の検討とサポート（③，⑤）

問題の解決に活かせそうな「価値あるもの」を見出すことができたら，「9-4-1(6)対処法の検討のサポート」に先立って，それを活かすことを検討する．主体としてのクライエントが，価値あるものを見出し活かせることをサポートする．

9-2-3. 「認識と関わりの主体」モデルが貢献しうる点

「認識と関わりの主体」モデルは，クライエントの訴える問題を，クライエント自身の問題への認識と関わりという視点からとらえる．そして認識と関わりと，その主体とを切り離さずに，むしろそのつながりを対象と見て介入を試みる点に，大きな特徴がある．個人が自分を取り巻く環境やその中で起きた問題をどのように見て，どのように関わろうとしているか，その姿勢を支えるモデルといえよう．これらの特徴は図9-1では②および③として表現されてい

る.

　これに対して，いわゆるセラピストの見立てと介入は，このモデルでは主に④および⑤として示されている．これらは従来の量的な指標による成果研究においても裏づけられてきた側面である．このモデルではそれと並行して②および③のプロセスに焦点があてられる点に特徴がある．つまりこれはまったく新しい介入法というよりも，むしろ今まで実践の中では行われながら，介入法として明確に理論化されてこなかった側面といえるだろう．それをデータによって一定の根拠を示し，モデル化することで輪郭を与えたものと考えられる．そしてクライエントに密接に関連した側面であるため，特定の臨床理論によらない要因といえるかもしれない.

　主体としてのクライエントがどのように問題を認識し関わっているか，という点は，「クライエントの変化に影響を及ぼす要因」(Lambert, 1992) のうち，「クライエント自身の要因」として考えることが可能であるが，同時にセラピストとの相互作用の中で変化しうるものとも考えられる．心理療法の効果に影響する最大の要因はクライエント (25～30%) とされるが，一方で，セラピストとの相性などさまざまな要因が関係するため，クライエントのどのような要因が影響するのかについて一定の見解は得られていない (Norcross, Beutler, & Levant, 2006)．本書の結果は，変化の要因やその1つのカテゴリーとしてのクライエントの特徴といった，要因を静的なものとみて「分類」することとは異なり，セラピストとの影響も含めて生じる，クライエントの問題や解決への認識と関わり，およびその変化という「動き」を，質的分析法によってとらえたものといえる．そこから，主体としてのクライエントの動きが，セラピストが関心を向けるべき重要なファクターとして浮かび上がった．それを踏まえて「セラピストがクライエントのどの側面に関心を向けて面接を進めることが効果的か」というメタ・コミュニケーションにおける要因について，データに基づいて一定の見解を示すことができたと考える.

　またこのことは，現在，数多ある心理療法が統合の方向に向かう中，心理療

法の理論的アプローチを超えたメタ・コミュニケーションを提示することにより，統合への動きに貢献しうることを示唆するといえよう．

●9-3 成果と今後の課題

9-3-1. 本書の成果

本書の成果は，以下の4点にまとめることができるだろう．

（1）心理療法による問題の見方の変化の，クライエントの主観からの検討

本書では，従来研究者の枠組みからとらえられてきた心理療法の成果に対して新たな視点を提供するために，心理療法の多様性を解明し，クライエントにとって有益な心理療法に貢献することを目的として，クライエント個人の主観から心理療法の成果をとらえることを試みた．手順としては，悩みをもつ健康な成人9名を協力者として，SFAによる3回の試行面接と，面接を通じての問題に対する見方を査定するための事前事後テスト（PAC分析）を施行した．各調査者の事前・事後それぞれのPAC分析プロトコルを，M-GTAを使用して分析した．

その結果，まず個別のPAC分析により，それぞれの個人に固有の変化を明らかにすることができた．その中から3名を選び詳細を記載した．さらに，9名を対象としたM-GTAを用いた分析により，問題のイメージと解決のイメージそれぞれの結果図およびストーリーラインを得ることができた．そしてクライエントが心理療法を受けて「よかった」という満足を得るために，「主体としての動き」が，より，問題を含む世界に対して主体的に関与できていること，「主体と価値との関係」が，より，価値をポジティブに感じ取り活かしやすくなっていること，そして「主体と問題の関係」が，より，問題に圧倒されずコントロールできるようになっていること，この3点が重要であることが示唆された．さらに，これらは「問題イメージの再構成」によってもたらされるという示唆を得た．

　これらの示唆は，「クライエントによる問題への認識と関わり」という「動き」についてのものであり，質的分析法を用いることにより明らかにすることができた．従来の量的指標による成果研究では扱われなかったものであり，「心理療法の成果研究における課題点（複雑性という観点から）」（表2-4）を補うものであった．また個別の事例だけではなく複数事例においても主体性の動きがみられることを示すことができた．これは，「質的データを分析することにより，クライエントの主観から心理療法の成果を明らかにし，量的指標を用いた成果研究の集積に新たな知見を提示する」という本書の目的を達成したものといえる．この点においてオリジナリティが見られる．

（2）「認識と関わりの主体」モデルの提示

　これらの結果に基づき，「認識と関わりの主体」モデルを提示した．これは，クライエントにとって成果を感じられる心理療法のために，「主体」および「主体と問題との関係」そして「主体と価値との関係」を，いかに見立て介入することが効果的か，についてのモデルである．そこでは，セラピストによる「問題」や「価値」への見立てとともに，それを認識し関わる「主体」とのつながりを絶えず意識しながら支援が行われる．すなわち，「主体としての動き」や「主体と問題」「主体と価値」のつながりを質的研究において明らかにし，「心理療法の成果研究における課題点（複雑性という観点から）」（表2-4）を補うことができたことの成果を踏まえ，セラピストによる「見立てと介入」と同時に生起している，メタ・コミュニケーションとして表すことができたといえる．これは，これまで多くの心理療法において行われながら，技法として明確に提示されてこなかった側面の一部の理論化ということができる．いわば心理療法の共通要因の解明とモデル化に寄与したといえる．この点にオリジナリティが見られる．

（3）心理療法面接におけるメタ・コミュニケーションならびに心理療法統合への示唆

　これは「心理療法の技法」への示唆とともに，「心理療法の技法をいかに用

いるべきか」という心理療法面接におけるメタ・コミュニケーションの一部の解明でもある．よって特定の臨床理論や技法によらず，さまざまな臨床理論と並行して適用可能である点が特徴的であるといえよう．またこのことは，心理療法面接におけるメタ・コミュニケーションの重要性を改めて示唆したともいえる．

現在，数多ある心理療法は，統合の方向に向かっている．そこにいくつかの示唆を提供しうるものと考える．

（４）主体としての動きの究明に適した方法論の提示

SFAによる3回の試行面接の前後で，事前事後PAC分析を行い，そのプロトコルを，M-GTAを用いて分析するという手法をとった．PAC分析とM-GTAという2つの質的分析法を採用した．

この手法は，認識と関わりの主体としての動きを，描き出すことに適していることが，この研究により示された．まず，SFAの特性から，3回の試行面接を通じて，主体であるクライエントの問題に対する認識と，関わり方が変化することが予想され，実際にそれが示された．次に，PAC分析の特性から，クライエントの主観的な体験を明らかにすることができた．その中には，クライエント自身による，周囲を取り巻く世界への認識と関わりが，相互作用として表れていた．そして，そのプロトコルは通常のインタビューと比べて抽象度が高く，内省的で無意識的な内容であるため，M-GTAで分析する際には，問題の個別性に縛られず広範な問題の種類をまとめて分析し結果を占めることができた．また2つの分析法がともに社会的相互作用の分析に適しているため，個人の訴える問題のイメージと，それが解決した時のイメージにおいて，それぞれの主体としての動きを描き出すことができた．こうした特徴により，9-2-3.で述べたように，ワツラウィック（Watzlawick, 1978）の世界観を糸口として，個人の主観的世界における「問題への認識」と「問題への関わり」と，その変化を明らかにすることに適していたといえる．

以上より，量的指標による成果研究ではその動きの詳細を明らかにされてこ

なかったメタ・コミュニケーションを,「認識と関わりの主体としての動き」という視点から詳細に明らかにすることに貢献し, 本書の目的を一定水準達成したものと考えられる.

　なお, この手法は今後, さまざまな場面における主体としての動きを解明することや, それを複数時点で比較することにおいて有効であると考えられる. それを示すことができたことは, 本書の1つの成果であり, オリジナリティといえる. 今後さらに改良を加えつつ応用について検討していきたい.

9-3-2. 今後の課題

（1）方法論における課題

① 分析方法

　本書では, 通常のインタビューよりもより深層の意識が現れやすいPAC分析プロトコルを分析することで, 少人数の調査協力者の多岐にわたる訴えからでも普遍的な要素を明らかにすることが可能となったと考えられる. 一方で, 井上 (1998) も指摘するように, PAC分析にはそれ自体カウンセリングと同様に内省を促す効果がある. PAC分析を用いることの妥当性については第3章で検討したとおりであるが, 事後PAC分析で得られた解決のイメージには, 事前PAC分析を受けたことが影響している可能性があり, 結果の解釈において留意すべき点である.

　また, 分析者が一人であることについても課題が残されている. 岩壁 (2010) によれば, 質的研究法では研究者の主観は排除されるべき夾雑物（きょうざつぶつ）ではなく, むしろ対象に接近する際の重要な導き手である. それゆえにさまざまな角度から精査され吟味される必要がある. データを異なる複数の手法によって収集したり, 分析にあたって複数の視点からとらえることにより妥当性を高めるトライアンギュレーションなどについて, 今後の課題として考えていきたい.

② 心理療法の理論的アプローチおよび時間制限の影響

　また, 第1章で検討したように, 本書では, ランバートら (Lambert & Bergin,

1994）の指摘から，クライエントの変化は用いる心理療法に大きく依存しないことを前提として，SFA を採用した．この方法論を採用したのは，実験者がなじみ深く，また侵襲的でなく依存性を高めないため，短期間で終結させる面接にふさわしいと考えたためである．しかし，短期間で変化が見られたことには SFA の特徴による影響も考えられ，他にも SFA 特有の影響があったと考えることは不自然ではないであろう．SFA はクライエントに対してコンプリメント（ねぎらいと称賛）など肯定的な面を引き出すエンパワメントに関する技法を用いることが多く，またゴール・コンセンサスを重視する特徴から，ウェルフォームド・ゴールという明確なゴールイメージの構築が推奨されている．面接プロセスでは，クライエント自身の主体性や価値観が重視される．これらの特徴が，本結果においてみられた主体と価値，その相互影響の変化に，なんらかの影響を及ぼしている可能性もある．もちろんこれらの帰結は他の心理療法にも少なからず見られる点であるが，SFA 特有の影響の現れ方について，面接プロセスの分析などによって明らかにすることが望まれる．さらに RCTに倣い，他の理論的アプローチについても今後同様の研究を行い比較を行うことにより，SFA の影響をより明らかにすることができるであろう．

また３回という回数の制限があったことも，協力者にある種の心理的な構えを生じさせ，変化を生みだす１つの要因になった可能性がある．反面，第６章のように，価値を感じられるものについて時間をかけて扱う必要があるような場合には，十分な変化に至らない可能性もある．この点について課題が残されたといえるだろう．

③ SFA と PAC 分析の相互影響

①および②の検討を踏まえると，問題および解決のイメージに現れた変化に対する，SFA と PAC 分析のそれぞれの影響の範囲は明確でない部分があり，また，相互影響による部分も少なくはないと考えられる．これら全体のプロセスが，クライエントの変化に影響したことは十分考えうる．問題および解決のイメージの差異が SFA と PAC 分析のどちらによってどのようにもたらされ

たのか，相互影響はどのようなものであったのか，について正確に論じること
は現時点では難しい．しかし，本書の目的は，クライエントが「問題が解決し
た」と感じることは，どのような体験であるか，その内容を明らかにすること
であった．いわばSFAおよびPAC分析は，そのための手段である．それゆ
え，手段として採用するにあたっての妥当性について検討する必要はあるが，
変化に対する影響の大きさを個々に明らかにすることが本書の第一義的な目的
ではないと考えている．今後の課題として検討していきたい．

（2）協力者に関する課題

　この研究の協力者はすべて，現在に至るまで精神科・心療内科で診断を受け
た経験がない者であった．その一番大きい理由は，第3章で述べたように，精
神疾患を持つ者をPAC分析の適用対象とすることには，慎重であるべきだか
らである．

　この点はこの研究の限界であり，この結果をそのまま，精神疾患をもつ者に
適用する可能性については慎重であるべきだと考える．今後，さまざまな角度
から検討していく必要があるだろう．ただし，筆者の些少な臨床経験からも，
たとえば統合失調症を患う方が，最初は混乱し無気力な状態で来談したが，医
師による薬物療法と並行して，面接で具体的な目標を定めたりそのための具体
的な手立てをともに考えたりするうちに，次第に考えが整理されていく様子が
しばしば見られた．そして症状に巻き込まれなくなったり，コントロールの方
法を身につけたりすることによって，生活の質が向上することがあった．そし
て合意のうえで，症状の再燃を防ぐためのフォローアップ面接に切り替えたり，
いったんの終結とすることもあった．この例からは，心理療法の面接によって
統合失調症そのものが治癒するわけではないが，症状やそれによって引き起こ
される日常生活での困難という「問題」に対応する「解決への主体の動き」が
見て取れる．この例からも，本書の結果が疾患を持つ者にまったく適用不可能
とは考えにくいが，ではどのような場合にどのような点について適用すべきで，
それがいかなる利益をもたらすのかについては，今後の課題として残されてい

る．

　また，協力者の年齢がすべて20代であったことも，結果に影響している可能性がある．この年代は，エリクソン（Erikson, 1959）の８つのライフサイクルのうち，青年期および成人期前期にあたる．発達課題として，自我同一性獲得や，親密性の獲得があり，何かを獲得することが課題となる時期である．またこれから多くの経験をする可能性に開かれており，体力がもっとも充実した時期でもある．こうした，人格成熟へ向かう動きが，３回の面接による変化の大きさや，その内容に影響しているかもしれない．同じ成人でも，自身のことだけでなく次世代への委譲が新たな課題となる成人期後期および，老年期に当たる者においても同じような結果となるかは，今後検討すべき課題である．ただし，臨床経験からは，20代以降の成人に対しても，個別の事例において本研究とかなり類似した結果が見られる．筆者の出会うクライエントの多くは成人期後期以降の方であるが，面接によって問題が改善し，「もう大丈夫だと思います」「なんとかやって行けそうです」と語って，終結にいたる際には，何らかの問題に対する方略が見つかっていたり，見通しが持てていたり，向かって行けると言う手ごたえをある程度得ている場合がほとんどであり，本研究における解決のイメージとも共通する部分が見られる．この場合についても，どのような形で，どこまで適用可能なのかについての検討が残されているといえよう．

（３）生成された理論に関する課題

　本書の目的は，心理療法によって問題が解決することについてのクライエント個人の主観を扱うことと，そのために専門家がすべきことをモデル化することであった．その結果「認識と関わりの主体」モデルとして，「心理療法の技法」ばかりでなく，「心理療法の技法をいかに用いるべきか」という心理療法面接におけるメタ・コミュニケーションの一部が解明された．このモデルはデータの分析の結果明らかになった変化の様子から，必要と思われる介入を想定したものであり，実践においては，具体的な技法とどのように対応させていくかの検討が必要である．

　また，面接終了直後の解決イメージのみをあつかったことや，健康な成人の
みが対象であったことなどが，今後の課題として残された．本結果がどれくら
い一般性を持ちうるのかについて，倫理面に十分配慮した上で，フォローアッ
プのプロセスも含めて今後検討していく必要がある．

　なお，他の心理療法モデルと同様，このモデルを用いる際には，実践の場で
の他の理論との相互交流が大切である．とくに医療領域で用いられる場合には，
薬物療法などとの連携が不可欠であることはいうまでもない．

　これらも踏まえ，今後，「認識と関わりの主体」モデルによる実践を継続す
ることによる「社会的活動としての研究（木下，2003）」をとおして，社会的な
意味と価値について，今後評価していく必要があると考える．

おわりに ― 今後の展望

　筆者が自ら心理臨床活動に携わる中で生じた，「クライエントが問題と思っていた事象が，心理療法を通じてどのように変化するのか？について，クライエントの視点からとらえることを試みたい」という素朴な興味が，本書の出発点だった．

　結果として示されたことは，クライエントが心理療法を受けて「望ましい変化が得られた」と思えるとき，「主体としての動き」が，より，問題を含む世界に対して主体的に関与できていること，「主体と価値との関係」が，より，価値をポジティブに感じ取り活かしやすくなっていること，そして「主体と問題の関係」が，より，問題に圧倒されずコントロールできるようになっていること，この3点が重要であることが示された．

　主体としてのクライエントがどのように問題や価値を認識し関わっているか，という点は，「クライエントの変化に影響を及ぼす要因」(Lambert, 1992) の「クライエント自身の要因」ととらえられるが，同時にセラピストとの相互作用の中で変化しうるものとも考えられる．そこでこれらの可能にするセラピストとの相互作用を仮想的に提示するために，「認識と関わりの主体」モデルを提示した．これは特定の臨床理論によらず，さまざまな心理臨床実践の中で行われてきたことであり，新しい介入法というよりは，データの裏付けによって明示されることの少なかった側面の明確化と考えることが妥当であろう．

　そこからの帰結としてのモデルは，あくまでもまだ仮説に過ぎないので，今，臨床活動の中で活かしていきたい．その過程で，その適用範囲や適用のための要件について検討していく必要があるだろう．

　適用の具体的な例について述べる．まず筆者が実践している SFA では，本書で示された問題イメージの再構成や，解決イメージの構築に関しては，すでに技法として体系化されている．それに加えて本書のもう1つの結果である，主体としての動きへのサポートを明示することができれば，より，変化の主体としてのクライエントを尊重した関わりになると考えている．一例として，9-4-1.（5）「認識と関わりの主体への焦点づけ」における「主語を明確にして関わる」対応が挙げられよう．これによって，クライエントが問題に主体的に向き合えるようサポートすることに役立つ．

　また，モデルでは「対処しようとする傾向」との協働の重要性や価値についての考えを尊重することが重要であるという仮説を提示した．その一例として，何らかの疾患あるいは障害を抱えたクライエントが，その疾患ないし障害によって生じる困難を，生活への影響が最小限になるようにコントロールできるような支援が挙げられる．この時，「よくなって普通の生活を送りたい」「仕事をしたい」というクライエントにとって価値を感じられる望みを共有することや，困難に遭遇してゆらぐクライエントの「対処しようとする傾向」を見出し，その状態を見立て，協働することが助けになる．このような視点は，筆者が現在行っている精神科外来における臨床実践の中で実際に役立っている．「認識と関わりの主体」モデルに沿っていえば，疾患や障害をクライエントがどのように認識し，関わろうとしているか，その際自身のリソースをどう活かせるのか，をサポートすることにあたるだろう．このような実践はもちろん，疾患や障害の重篤さ，および病識に影響されるため，適用は限定的となるだろう．しかしまた，知的な理解だけではなく，疾患や障害を抱えた自分をどれくらい受容し認められているかということとも関連が深い場合もあり，心理社会的要因の影響も考えられるため，適用の可能性を探っていきたい．

　また，筆者は近年，他の臨床家や研究者と共同で，さまざまなリスクを抱えた家族への支援に携わっている．このような子育てや夫婦間コミュニケーションに困難を生じている家族への支援にも，本書の結果を役立てていきたいと考

えている．こうした実践では支援者には法律に基づいた介入や，枠組みを強調した介入が必要とされるが，その中でもやはり，家族が何を求め，それに向かってどのように対処し，どこに進んでいこうとしているのか，その際に自身の力をどのように活かせると考えているのか，ということをみとることが大切だと感じている．なぜなら当時者の対処しようとする力と協働し，その力を育てることによって，当事者が主体的に自らの人生を生き，家族関係を再構築するプロセスを支援しうると考えているからである．それによって，同じことの繰り返しから脱する方向性を模索したり，よりよい家族関係が得られ，結果的に虐待やDVのリスクの低減に役立つと考えられる．この実践活動はまだ緒に就いたばかりであるが，一定の効果を上げつつあり，今後のエビデンスの蓄積を目指していきたい．

　これらは，「クライエントが何を大切にし，どのようにしたいと考えているか」を守る臨床活動といえるだろう．同時に，その人が「自らのリソースを活かす機会やそのための努力」を守ることでもあり，時には「困難に圧倒されない」ように守ることでもあると思う．クライエントを，個々の状態に応じて守ることが，クライエント固有の望ましい変化につながる実践には包含されていると考えてよいであろう．

　クライエントは，打ちひしがれ，傷つき，支援を必要としている人たちである．と同時に，自らのうちに力を秘め，それを活かし，望む人生を取り戻す機会を探している人たちでもある．そのすべてを「守る」というメタ・コミュニケーションについての示唆をこの研究を通して得ることができた．これを踏まえ今後も，さまざまな有効な技法を用いた臨床活動を行っていきたいと考える．

謝　　辞

執筆にあたり，多くの方々のご支援やご協力をいただきました．この場を借りてお礼を申し上げます．

まず，調査協力者の皆様には，お忙しい中貴重なデータを提供していただきました．皆様のご協力があってはじめて，この研究を進めることができました．深く感謝いたします．

また，お忙しい中，論文審査に携わって下さったお茶の水女子大学の先生方に感謝申し上げます．坂元章先生には，在学中からの長きにわたる多大なるご指導とご配慮を賜りました．伊藤亜矢子先生，大森美香先生，篁倫子先生，内藤俊史先生には，お忙しいところ，大変熱心に的確なご助言を賜りました．本当にありがとうございました．

そして，在学中にご指導いただきました春日喬先生，故・藤永保先生，内田伸子先生，PAC分析のご指導をいただきました内藤哲雄先生，井上孝代先生，SFAの技能習得をはじめとする臨床活動へのご示唆をいただきました故・宮田敬一先生，本書出版の機会を設け，編集にご尽力いただいた晃洋書房編集部の井上芳郎氏にも，大変お世話になりました．厚く御礼申し上げます．

さらに，本書の出版にあたっては，私の勤務校である日本女子大学の総合研究所より刊行助成を受けております．審査員の先生方からは，大変貴重なご意見を賜り，改めて学ぶ機会をいただきました．心より感謝申し上げます．

最後に，見守ってくれた家族に，感謝します．

引 用 文 献

【A】

青木みのり（2003）教師コンサルテーションの一事例に関する考察—問題解決過程を通じての自己概念および指導行動の変容のプロセス．専修人文論集，73，1-27．

―――（2007）心理療法における問題の見方の変化に関する検討：PAC 分析を用いた質的研究．ブリーフサイコセラピー研究，16，95-108．

―――（2008）心理療法の成果に関する PAC 分析を用いた事例検討—個人内相互作用と個人間相互作用の変化に着目して．お茶の水女子大学人間文化創成論叢，10，217-227．

―――（2010）クライエントが「改善が見られない」と報告した事例における問題の見方に関する検討．応用心理学研究，37，11-18．

安龍洙・渡辺文夫・才田いずみ（1995）韓国人日本語学習者の授業観の分析：授業に対する認知的変容についての事例的研究．東北大学文学部日本語学科論集，5，1-12．

【B】

Bachelor, A.(1995) Clients' perception of the therapeutic alliance: A qualitative analysis. *Journal of Counseling Psychology,* 42, 323-337.

Berg, I. K. & Miller, S. D.(1992) *Working with the problem drinker ; A solution-focused approach.* New York: Norton.（斉藤学監訳（1995）飲酒問題とその解決．ソリューション・フォーカスト・アプローチ．東京：金剛出版）

Bertolino, B. & O'Hanlon, B.(2002) *Collaborative, competency-based counseling and therapy.* Boston: Allyn & Bacon.

Bohart, A. C.(2005) The active client. In J. C. Norcross, L. E. Beutler, & R. F. Levant (Eds.), *Evidence-based practices in mental health : Debate and dialogue on the fundamental questions.* Washington: APA, 218-225.

【C】

Cummings, A. L. Hallberg, E. T., & Slemon, A. G.(1994) Templates of client change in short-term counseling. *Journal of Counseling Psychology,* 41, 464-472.

【D】

De Jong, P. & Berg, I. K.(2007) *Interviewing for solutions* (3rd ed). Pacific Grove, CA: Brooks/Cole.（桐田弘江・玉真慎子・住谷祐子訳（2008）解決のための面接技法（第三版）．東京：金剛出版）

de Shazer, S.(1985) *Keys of solution in brief therapy.* New York: Norton.（小野直広訳（1994）短期療法解決の鍵．東京：誠信書房）

【E】

Elliot, R.(1989) Comprehensive process analysis: Understanding the change process in significant therapy events. In M. J. Packer & R. B. Addison (Eds.), *Entering the circle: Hermeneutic investigations in psychology.* Albany: State University of New York Press, 165‑184.

————, Shapiro, D. A., Firth-Cozens, J., Stiles, W. B., Hardy, G. E., Llewelyn, S. P. & Margison, F. R.（1994）Comprehensive process analysis of insight events in cognitive-behavioral and psychodynamic-interpersonal psychotherapies. *Journal of Counseling Psychology,* 41, 449‑463.

Elkin, I.（1994）The NIMH treatment of depression collaborative research program: Where we began and where we are. In S. L. Garfield & A. E. Bergin（Eds.）, *Handbook of psychotherapy and behavior change*（4th ed.）. New York: Wiley, 114‑139.

————, Parloff, M. B., Hadley, S. W. & Autry, J. H.（1985）NIMH treatment of depression collaborative research program: Background and research plan. *Archives of General Psychiatry,* 42, 305‑316.

Erikson, E. H.（1959）*Identity and the life cycle.* New York: International Universities.（小此木啓吾訳編（1973）自我同一性―アイデンティティとライフ・サイクル．東京：誠信書房）

【F】

Franklin, C., Trepper, T. S., Gingerich, W. J. & McCollum, E. E.（Eds.）（2011）*Solution-focused brief therapy: A handbook of evidence-based practice.* New York: Oxford University Press.（長谷川啓三・生田倫子・日本ブリーフセラピー協会訳（2013）解決志向ブリーフセラピーハンドブック―エビデンスに基づく研究と実践．東京：金剛出版）

Frijda, N.（1986）*The emotions.* Cambridge: Cambridge University Press.

————, Kuippers, P. & ter Schure, E.（1989）Relations among emotion, appraisal, and emotional action readiness. *Journal of Personality and Social Psychology,* 57, 212‑228.

Frontman, K. C. & Kunkel, M. A.（1994）A grounded theory of counselors' construal success in the initial session. *Journal of Counseling Psychology,* 41, 492‑499.

藤井和子（2004）PAC 分析を利用した養護学校新任教師の自己研修法の検討．上越教育大学研究紀要，24，89‑97.

【G】

Gingerich, W. J. & Eisengart, S.（2000）Solution-focused brief therapy: A review of the outcome research. *Family Process,* 39, 477‑498.

Giorgi, A.（1985）Sketch of a psychological phenomenological method. In A. Giorgi（Ed.）, *Phenomenology and psychological research.* Pittsburgh, PA: Duquesne University Press, 8‑22.

郷式薫（2003）母親は赤ちゃんをどうイメージするか？：出産前後の PAC 分析の変化．人間文化研究科年報（奈良女子大学），19，163‑180.

Greenberg, L. S. & Watson, J. C. (2006) Change process research. In J. C. Norcros, L. E. Beutler, & R. F. Levant (Eds.), *Evidence-based practices in mental health: Debate and dialogue on the fundamental questions*, Washington: APA, 81-89.

【H】

Haaga, D. F. A. & Davison, G. C. (1995) An appraisal of rational-emotive therapy. In M. J. Mahoney (Ed.), *Cognitive and constructive psychotherapies: Theory, research, and practice*. New York: Springer, 74-86.（論理情動療法の評価．根建金男監訳（2008）認知行動療法と構成主義心理療法．東京：金剛出版，89-103.）

八若壽美子（2007）韓国人学部留学生の日本語学習における自己評価の変容．茨城大学留学生センター紀要，15，41-52.

半原芳子（2008）「対話的問題提起学習」が母語話者参加者の積極的共生態度に及ぼす影響 ─ PAC分析を用いた事例検証─．世界の日本語教育，18，147-162.

Hayes, J. A., McCracken, J. E., McClanahan, M. K., Hill, C. E., Harp, J. S. & Carozzoni, P. (1998) Therapist perspectives on counter-transference: Qualitative data in search of a theory. *Journal of Counseling Psychology*, 468-482.

東豊（1993）セラピスト入門．東京：日本評論社．

Hill, C. E., Nutt-Williams, E., Thompson, B. & Rhodes, R. H. (1996) Therapist retrospective recall of impasses in long-term psychotherapy: A qualitative analysis. *Journal of Counseling Psychology*, 43, 207-217.

Hill, C. E., Thompson, B. J., & Williams, E. N. (1997) A guide to conducting consensual qualitative research. *Counseling Psychologist*, 25, 517-572.

Hill, C. E., Jason, S. Z., Wonnell, T. L., Hoffman, M. A., Rochlen, A. B., Goldberg, J. L., Nakayama, E. Y., Heaton, K. J., Kelly, F. A., Eiche, K., Tomlinson, M. J. & Hess, S. (2000) Structured brief therapy with a focus on dreams or loss for clients with troubling dreams and recent loss. *Journal of Counseling Psychology*, 47, 90-101.

Hill, C. E. & Lambert, M. J. (2004) Methodological issues in studying psychotherapy process and outcome. In M. J. Lambert (Ed.), *Bergin and Garfield's handbook of psychotherapy and behavior change* (5th ed.). New York: Wiley, 84-135.

Hill, C. E. (2006) Qualitative research. In J. C. Norcros, L. E. Beutler, & R. F. Levant (Eds.), *Evidence-based practices in mental health: Debate and dialogue on the fundamental questions*. Washington: APA, 74-80.

堀内宏美・奥祥子・中俣直美・塚本康子・牛尾禮子（2006）看護大学生の死についての態度構造の縦断的研究．福岡県立大学看護学部紀要，3，65-73.

Howard, K. I., Moras, K., Brill, P. L., Martinovich, Z. & Lutz, W. (1996) The evaluation of psychotherapy: Efficacy, effectiveness, and patient progress. *American Psychologist*, 51, 1059-1064.

【I】

井上孝代（1997）留学生の文化受容態度とカウンセリング：PAC分析による事例研究を通

して. カウンセリング研究. 30, 216-226.

─────（1998）カウンセリングにおける PAC（個人別態度構造）分析の効果. 心理学研究. 69, 295-303.

岩壁茂（2010）初めて学ぶ臨床心理学の質的研究：方法とプロセス. 東京：岩崎学術出版.

【J】

Jennings, L. & Skovholt, T. M. (1999) The cognitive, emotional, and relational, characteristics of master therapists. *Journal of Counseling Psychology,* 46, 3-11.

【K】

Kelly, A. E. (1998) Clients' secret keeping in outpatient therapy. *Journal of Counseling Psychology,* 45, 50-57.

Kelly, G. A. (1955) *The psychology of personal construct.* Vols. 1, 2. New York: Norton.

Kim, J. S. (2008) Examining the effectiveness of solution-focused brief therapy: A meta-analysis. *Research on Social Work Practice,* 18, 107-116.

木下康仁（2003）修正版グラウンデッド・セオリー・アプローチの実践─質的研究への誘い. 東京：弘文堂.

─────（2007）ライブ講義 M-GTA ─実践的質的研究法　修正版グラウンデッド・セオリー・アプローチのすべて. 東京：弘文堂.

Knox, S., Hess, S. A., Peterson, D. A. & Hill, C. E. (1997) A qualitative analysis of client perceptions of the effects of helpful therapist self-disclosure in long-term therapy. *Journal of Counseling Psychology,* 44, 274-283.

Knox, S., Goldberg, J. L., Woodhouse, S. S. & Hill, C. E. (1999) Clients' internal representations of their therapist. *Journal of Counseling Psychology,* 46, 244-256.

Knox, S., Hess, S. A., Williams, E. N. & Hill, C. E. (2003) "Here's a little something for you": How therapists respond to client gifts. *Journal of Counseling Psychology,* 50, 199-210.

近藤邦夫（1995）子どもと教師のもつれ. 東京：岩波書店.

今野博信・池島徳大（2007）個人別態度構造（PAC）分析によるピア・サポート活動の効果測定の検討─大学生による中学生へのピア・サポート活動を対象にして─. ピア・サポート研究. 4, 19-26.

【L】

Lambert, M. J. (1992) Psychotherapy outcome research: Implications for integrative and eclectic therapists. In J. C. Norcross & M. R. Goldfield (Eds.), *Handbook of psychotherapy integration.* New York: Basic Books, 94-192.

Lambert, M. J. & Bergin, A. E. (1994) The effectiveness of psychotherapy. In A. E. Bergin & S. L. Garfield (Eds.), *Handbook of psychotherapy and behavior change* (4th ed.). New York: Wiley, 143-189.

Lambert, M. J. & Okiishi, J. C. (1997) The effects of the individual psychotherapist and implications for future research. *Clinical Psychology: Science and Practice,* 4, 66-75.

Lambert, M. J., Okiishi, J. C., Finch, A. E. & Johnson, L. D. (1998) Outcome assessment: From conceptualization to implementation. *Professional Psychology: Research and Practice,* 29, 63-70.

Lambert, M. J., Shapiro, D. A. & Bergin, A. E. (1986) The effectiveness of psychotherapy. In S. L. Garfield & A. E. Bergin (Eds.), *Handbook of psychotherapy and behavior change* (3rd ed.). New York: Wiley, 157-212.

Lipchik, E. (2002) *Beyond technique in solution-focused therapy.* New York: Guilford.（宮田敬一他監訳（2010）ブリーフセラピーの技法を超えて．東京：金剛出版）

【M】

松崎学（1997）サポート介入による個人の対処行動の変容過程に関する研究．平成7‒8年度文部省科学研究費補助金（基盤研究Ｃ）課題番号07610157，（代表者：松崎学）研究成果報告書．

─────・田中宏二（1998）対人ストレスをもつ児童への合宿によるサポート介入の効果とその母親へのサポートシステム変革へ向けての介入の効果に関する研究．平成7‒9年度文部省科学研究費補助金基礎研究(B)(1)：課題番号07301012，（代表者：田中宏二）「健康防御への社会的支援介入法の適用に関する総合研究」研究成果報告書，30‒59.

【N】

中川薫（2003）重症心身障害児の母親の「母親意識」の形成と変容のプロセスに関する研究─社会的相互作用に着目して─．保健医療社会学論集，14，1‒12.

内藤哲雄（1993a）職業への態度と変容の個人別構造分析．日本社会心理学会第34回大会発表論文集，46‒49.

─────（1993b）個人別態度構造の分析について．人文科学論集（信州大学文学部），27，43‒69.

─────（1998）私信．

─────（2002）PAC 分析実施法［改訂版］．京都：ナカニシヤ出版．

─────（2008）PAC 分析を効果的に利用するために．内藤哲雄・井上孝代ほか（編）PAC 分析研究・実践集1，京都：ナカニシヤ出版，1‒34.

Neimeyer, R. A. (1995) An appraisal of constructivist psychotherapies. In M. J. Mahoney (Ed.), *Cognitive and constructive psychotherapies: Theory, research, and practice.* New York: Springer, 163-194.（構成主義心理療法の評価．根建金男監訳（2008）認知行動療法と構成主義的心理療法．東京：金剛出版，188‒221.）

新舘啓一・松崎学（2006）PAC 分析による新任教師の振り返りの効果─1年間の追跡的調査を通して─．山形大学教職・教育実践研究，1，73‒83.

Norcross, J. C., Beutler, L. E. & Levant, R. F. (Eds.) (2006) *Evidence-based practices in mental health: Debate and dialogue on the fundamental questions.* Washington: APA.

【O】

Orlinsky, D. E., Ronnestad, M. H. & Willutzky, U. (2004) Fifty years of psychotherapy process-outcome research: Continuity and change. In M. J. Lambert (Ed.), *Bergin and Garfield's handbook of psychotherapy and behavior change* (5th ed.). New York: Wiley, 307-389.

Osgood, C. E., Suci, G. J., & Tannenbaum, P. H. (1957) *The measurement of meaning*, Urbana: University of Illinois Press.

【R】

Rasmussen, B., & Angus, L. (1996) Metaphor in psychodynamic psychotherapy with borderline and non-borderline clients: a qualitative research. *Psychotherapy*, 33, 521-530.

Rennie, D. L. (1994a) Clients' deference in psychotherapy. *Journal of Counseling Psychology*, 41, 427-437.

――――― (1994b) Storytelling in psychotherapy: The client's subjective experience. *Psychotherapy*, 31, 234-243.

Rhodes, R. H., Hill, C. E., Thompson, B. J., & Elliott, R. (1994) Client retrospective recall of resolved and unresolved misunderstanding events. *Journal of Counseling Psychology*, 41, 473-483.

Rice, L. N., & Greenberg, L. S. (Eds.). (1984) *Patterns of change: Intensive analysis of psychotherapy process*. New York: Guilford Press.

【S】

Strauss, A., & Corbin, J. (1998) *Basics of qualitative research: Grounded theory procedures and techniques* (2nd ed.). Newbury Park, CA: Sage.（操華子・森岡崇訳（2004）（第 2 版）質的研究の基礎―グラウンデッド・セオリーの技法と手順．東京：医学書院）

【T】

Talmon, M. (1990) *Single session therapy*. San-Francisco: Jossey-Bass.（青木安輝訳（2001）シングル・セッション・セラピー．東京：金剛出版）

友生雅夫・今林俊一（2001）児童の友人関係に関する個人別態度構造の分析．鹿児島大学教育学部教育実践研究紀要，11，55-63．

――――― （2002）児童の友人関係に関する個人別態度構造の分析(2)．鹿児島大学教育学部教育実践研究紀要，12，61-67．

友生雅夫（2002）児童の個人別態度構造の変容についての研究(3)：クラス編成後一年間の友人関係の変容の分析．日本教育心理学会第44回総会発表論文集，313．

【W】

Wachtel, P. L. (1993) *Therapeutic communication: Knowing what to say when*. New York: Guilford Press.（杉原保史訳（2004）心理療法家の言葉の技術―治療的なコミュニケーションをひらく．東京：金剛出版）

Walter, J. L. & Peller, J. E. (2000) *Recreating brief therapy: Preferences and possibilities*. New York: Norton.（遠山宜哉・花屋道子・菅原靖子訳（2005）ブリーフセラピーの再

創造―願いを語る個人コンサルテーション．東京：金剛出版）

Watson, J. C. & Rennie, D. L.（1994）Qualitative analysis of clients' subjective experience of significant moments during the exploration of problematic reactions. *Journal of Counseling Psychology*, 41, 500-509.

Watzlawick, P.（1978）*The language of change: Elements of therapeutic communication.* New York: Norton.（築島謙三訳（1989）変化の言語―治療的コミュニケーションの原理．東京：法政大学出版局）

【Y】

矢野恵子（1999）不妊相談における PAC 分析手法の活用効果の検討　治療経過に伴う不妊症の捉え方の変化．三重看護学誌, 1, 25-38.

人 名 索 引

事 項 索 引

《著者紹介》

青木みのり（あおき　みのり）

　1997年　お茶の水女子大学大学院人間文化研究科博士課程後期修了，博士（人文科学）
　現　在　日本女子大学人間社会学部心理学科教授

主要業績

「心理療法の見立てと介入をつなぐ工夫」（金剛出版，2013年）
「ブリーフセラピー：『問題と解決』のコンサルテーション」（ナカニシヤ出版，2014年）
「カウンセリングテクニック入門：プロカウンセラーの技法30」（金剛出版，2015年）

日本女子大学叢書 22
「クライエントの視点」再考
——ブリーフセラピーからの一提言——

2019年12月10日　初版第1刷発行　　＊定価はカバーに
　　　　　　　　　　　　　　　　　　表示してあります

著　者　青　木　みのり Ⓒ
発行者　植　田　　　実
印刷者　江　戸　孝　典

発行所　株式会社　晃　洋　書　房

〒615-0026　京都市右京区西院北矢掛町7番地
電話　075(312)0788番(代)
振替口座　01040-6-32280

装丁　野田和浩　　　　印刷・製本　共同印刷工業㈱

ISBN978-4-7710-3251-4